Natur – Kinder – Garten – Werkstatt
Winter

Sommer
Herbst
Winter
Frühling
Schmetterlinge züchten
Kräuter verarbeiten
Erde, Wasser, Feuer, Luft
Vom Korn zum Brot
Obst und Gemüse ernten
Hausbauwerkstatt
Korbflechten
Bienenwachswerkstatt
Papierwerkstatt
Adventwerkstatt
Wolle verarbeiten
Holz- und Tonwerkstatt
Säen, Keimen, Wachsen
Nisthilfenwerkstatt
Lebensräume schaffen
Gestalten mit Pflanzenfarben
Milchverarbeitung, Imkerei

Irmgard Kutsch

NATUR

Brigitte Walden

KINDER

Winter

GARTEN

Vom Wiederentdecken des Ursprünglichen

WERKSTATT

Verlag Freies Geistesleben

Das Zustandekommen dieser Buchreihe wurde maßgeblich unterstützt durch
- die Deutsche Umwelthilfe, Regionalverband Nord
- den BUND (Bund für Umwelt- und Naturschutz Deutschland), Landesverband Niedersachsen
- den Naturschutzbund Deutschland, Landesverband Niedersachsen
- die Deutsche Waldjugend, Gruppe Windfus
- die Kultur- und Umweltstiftung der Kreissparkasse Köln
- den Oberbergischen Kreis, Regionale Agenda 21
- die Gemeinde Reichshof
- den Familienbund der Katholiken im Erzbistum Paderborn
- die Gesellschaft zur Förderung geisteswissenschaftlicher Literatur e.V.

Deutsche Umwelthilfe

BUND
FREUNDE DER ERDE

NABU
Naturschutzbund Deutschland e.V.

Gruppe Windfus

Gefördert
durch die
Kulturstiftung
der Kreissparkasse Köln

Oberberg

GEMEINDE REICHSHOF

Familienbund
der Katholiken

ISBN 978-3-7725-2754-8

Neuausgabe (3., überarbeitete und erweiterte Auflage) 2016

Verlag Freies Geistesleben
Landhausstraße 82, 70190 Stuttgart
Internet: www.geistesleben.com

Einband: Thomas Neuerer; Fotos von Alena Ozerova,
Colourbox (vorne) und Irmgard Kutsch (hinten)
Druck: GCC Grafisches Centrum Cuno, Calbe
Printed in Germany

Inhalt

Geleitwort

Liebe Leserinnen und Leser,

Umweltpädagogik gehört heute zur Überlebensstrategie der Gesellschaft – aber wie muss sie aussehen, um über das Umweltwissen und Umweltbewusstsein hinaus einen verantwortungsvollen Umgang mit der Natur im Sinne einer Nachhaltigkeit zu initiieren und langfristig zu verankern? Seit Jahrzehnten verfolgt Umweltpädagogik dieses Ziel. Doch auch wenn Umweltbewusstsein stärker ins öffentliche Interesse gerückt ist, mangelt es allzu oft an der Bereitschaft zum ökologischen Handeln. In den Siebzigerjahren führte die sogenannte Katastrophenpädagogik, die sich angstbesetzt und bedrohlich mit der Umweltproblematik, der Luft- und Wasserverschmutzung, dem Waldsterben usw. auseinandersetzte, eher zu Resignation. Ohnmachtsgefühle und Desinteresse als Selbstschutz waren langfristig die Folge. Heute weiß man: Eine wichtige Voraussetzung für einen bewahrenden, schützenden Umgang mit den Tieren, Pflanzen und Landschaften ist eine positive, freudvolle Beziehung zur Natur.

Fragt man Menschen, die sich im Natur- bzw. Umweltschutz engagieren, nach ihren Kindheitserinnerungen, erzählen sie häufig vom Leben auf dem Lande oder wenigstens von Schulferien bei Oma und Opa, vom eigenen kleinen Gemüsebeet, von langen Waldspaziergängen mit den Eltern, vom Butzenbauen, vom Spielen in Pfützen bei Wind und Wetter und anderem mehr. Sie haben sie erlebt, die Wunder der Natur: den Zauber, der beispielsweise von einem Schmetterling ausgeht, der gerade aus der Puppe schlüpfte. Sie waren erfüllt von der Schönheit des Blütenmeeres einer Frühlingswiese, berührt vom Anblick einer Amsel beim Füttern ihrer Kleinen, sie waren betört vom Duft des Kräutergartens, beglückt über den Genuss der gerade selbst gepflückten Erdbeeren oder den Duft der frisch geknackten Zuckererbsenschoten.

Wir wissen, dass das in der Kindheit Erlebte und Erfahrene besonders prägend ist; die tägliche Auseinandersetzung mit der Umwelt, das Erfahren und Begreifen der Wirklichkeit, ist für die gesunde Entwicklung des heranwachsenden Kindes von entscheidender Bedeutung. Was erwarten wir von Menschen, die in einer Zeit aufwachsen, für die fortschreitende Technisierung, Hektik, Stress, Konsum und Reizüberflutung durch Fernsehen und Computer kennzeichnend ist? Diese Lebensbedingungen lassen die Körper- und Sinneserfahrungen der Kinder verarmen und schränken Bewegungstätigkeiten ein. Und nicht nur das: Sie können auch zu Störungen in der Selbstwahrnehmung und Orientierung und zu den bekannten Symptomen führen, unter denen Kinder heute leiden: Hyperaktivität, Haltungsschäden, Nervosität, Konzentrationsmängel bis hin zu Lern- und Leistungsstörungen. Dies kann kaum die Basis sein für einen verantwortungsvollen Umgang mit der Natur. Dabei werden die Generationen nach uns mehr Naturschützerinnen und -schützer brauchen.

Als Irmgard Kutsch mir vor einiger Zeit ihr Buchkonzept vorstellte, war ich sofort begeistert und überzeugt: Die Buchreihe ist optimal geeignet, den Weg zu einem liebevollen und sorgsamen Umgang mit der Natur zu ebnen. Sie geht auf die Bedürfnisse der Kinder und ihre veränderte kindliche Lebenswelt ein, initiiert auf interessante und lebendige Weise eine umfassende Auseinandersetzung mit der Natur, leitet Prozesse an, in denen Kinder die Natur und ihre Kreisläufe mit allen Sinnen wahrnehmen und durch die praktische Arbeit erfahren und begreifen können.

Die Deutsche Umwelthilfe hat zusammen mit den niedersächsischen Landesverbänden von BUND und NABU gern die Förderung dieser Buchreihe übernommen. Denn die Erhöhung des Umweltbewusstseins und der ökologischen Handlungskompetenz liegt uns allen am Herzen, dafür brauchen wir Bücher wie diese ...

Naturerleben beschränkt sich nicht auf einige Monate im Jahr. Die Natur-Kinder-Garten-Werkstatt bietet für alle vier Jahreszeiten eine Fülle von Anregungen für Entdeckungen, für Erlebnisse, für das Spüren, Fühlen und Schulen aller Sinne. Kinder werden so in den Jahresverlauf eingebunden und erhalten Orientierungshilfe. Ihnen geht nicht erst in der Bienenwachswerkstatt ein Licht auf, sie haben bereits im Mai das Wunderwerk «Bienenstock» kennengelernt und wissen, wem sie das Wachs zu verdanken haben. Sie lernen viel über die Saat von Getreide und gehen den Weg «vom Korn zum Brot», der zwar anstrengend, aber vor allem interessant, sehr befriedigend und beglückend ist – spätestens beim Verzehren des leckeren selbst gebackenen Stockbrotes. In einer arbeitsteilig organisierten Gesellschaft tritt eigenes Herstellen in den Hintergrund, denn alles ist fertig und kann konsumiert werden. Hier, bei Irmgard Kutsch, die mit immens großem Engagement, mit viel Herz und Einfühlungsvermögen ihre Ziele in ihrer Natur-Kinder-Garten-Werkstatt verfolgt, werden dagegen die alten Handwerke neu belebt. Wir lernen am besten durch das Tun. «Ich bin, was ich tue.»

Auch der «Winterband» der Natur-Kinder-Garten-Werkstatt befasst sich mit alten Handwerkstechniken. Die Materialien stammen aus der Natur: Holz, Wolle, Ton. Bei der Verarbeitung von Naturmaterialien, z.B. beim Wollefärben und -weben, beim Korbflechten oder beim Saftpressen, erfahren die Kinder, dass der Mensch schon immer die Natur genutzt hat und dass der Erhalt traditioneller Wirtschaftsweisen ein Beitrag zum Naturschutz ist.
Auch wenn es eine Flut von Literatur zu dieser Thematik gibt, bewundere ich gerade dieses Werk, da es viele Disziplinen vereint, situations- und erlebnisorientierte naturpädagogische Ansätze verfolgt und sämtlich dem praktischen Erfahrungsschatz der Autorinnen entstammt. Dadurch werden die Anleitungen besonders lebendig, überzeugend und leicht nachvollziehbar. Diese Buchreihe bietet Angebote, die Kinder in ihren Familien kaum noch bekommen können. Sie wird unsere Projekte zum Natur-Erleben, die wir seit Jahren durchführen, bereichern und ist zugleich ein wertvoller Baustein der Natur- und Erlebnispädagogik und damit ein Beitrag zum Naturschutz selbst. Ganz bestimmt werden diese Bücher nicht ungenutzt im Regal verstauben.

Wir wünschen Irmgard Kutsch und Brigitte Walden, dass ihr Werk und ihr Funke viele Erzieherinnen und Eltern erreichen und zum Engagement in der Natur anregen wird, sodass möglichst viele Kinder in der «heilen, gesunden Welt» einer Natur-Kinder-Garten-Werkstatt aufwachsen und die Wunder der Natur nachhaltig erleben können. Denn damit wird das Samenkorn gelegt für ein Leben mit Verantwortung für die Natur.

Dagmar Israel, Deutsche Umwelthilfe, Geschäftsführerin des Regionalverbands DUH-Nord
BUND – Bund für Umwelt und Naturschutz Niedersachsen
Naturschutzbund NABU Niedersachsen

Der Weg zu diesem Buch

Der kindlichen Spielfreude Raum geben

Wie zu jeder Jahreszeit wird die Natur-Kinder-Garten-Werkstatt auch im Winter von vielen Kindern besucht. Vor Ort nehmen sie wahr, was die Natur zu bieten hat, und ergreifen und verwandeln es fantasievoll. Mit Eisgebilden aus der Vogeltränke und den Regenfässern wird physikalische Forschung betrieben. Aus Schnee werden Gestalten modelliert, denen es an nichts fehlt. Lange, schmale Rodelbahnen mit bewusst geplanten Mutstationen werden angelegt und erfordern nicht nur Kraft und große Geschicklichkeit, sie fordern auch den ganzen Mut – bis hin zum Übermut – heraus. In solchem Spiel verschmelzen Ich und Du zum Wir und schaffen auf spielerische Weise soziale Kultur.
Nach dem fröhlichen Treiben sind die Kinder durchnässt, erschöpft und ausgekühlt, und alle sehnen sich nach trockener Kleidung, Stärkung und wohliger Wärme.

Polaritäten erleben

In den Wintermonaten finden die Kinder neben den sinnesreichen und beruhigenden Tätigkeiten des Kerzenziehens und des Wachsknetens viele interessante Betätigungsfelder. Sie gestalten in der Natur-Kinder-Garten-Werkstatt Krippenlandschaften, verwandeln Rohwolle zu Fäden und Teppichen und schnitzen Holzspielzeug, bis sie sich mit Töpfern auf den nahenden Frühling vorbereiten. In dieser Jahreszeit wird mir jedes Mal wieder klar, wie intensiv das Erleben der Polaritäten von Kindern gesucht und gebraucht wird.
Im Draußen- und Drinnensein werden Kälte und Wärme, Licht und Dunkelheit sowie Tag und Nacht erlebbar.

Begeisterung, Aktions- und Lebensfreude entfalten sich, wenn Kinder mit dem Naturelement Wasser in seiner winterlich-kristallinen Form umgehen können.

Polaritäten: In abendlicher Dämmerung und winterlicher Kälte entstehen neue Kerzenlichter aus heißem, sommerlich duftendem Bienenwachs.

Das kleine Kind braucht Erwachsene als hilfreiche Begleiter und Vorbilder auf seinem Entwicklungsweg in und mit der Natur.

Die Empfindungen von «nass» und «trocken» bedingen sich wie diejenigen von «hungrig» und «satt». In dieser Zeit der Winterstimmung begegnen sich die Lebensqualitäten von Bewegung und Ruhe sowie von Geschäftigkeit und Stille. Das Starre fordert regsame Lebendigkeit heraus, klirrende Kälte wird durch wärmendes Feuer überwunden.

Zwischen Himmel und Erde können die Kinder den Spielraum schaffen, Polaritäten als Handlungsimpulse wahrzunehmen, um das Leben in und mit der Natur als interessantes, liebenswertes Spannungsfeld zu begreifen. Zwischen dem Verständnis für die kulturgeschichtliche Vergangenheit und der für die Zukunft geforderten Innovationsfähigkeit liegt als goldener Schlüssel die wohlwollende Bereitschaft zum Handeln im Hier und Jetzt.

In dem Bewusstsein, dass die Kinder von heute die Weltgeschicke von morgen in die Hand nehmen werden, möge es uns gelingen, innovative Ideen zu entwickeln, um die Probleme zu lösen, welche die vorangegangenen Generationen hinterlassen haben. Ein langfristiges und kontinuierliches Vorbereiten dessen steht an, was Folgegenerationen weiter zu gestalten haben: ein interaktiv-kulturelles Miteinander, das uns die moderne Kommunikationstechnik heute schon ermöglicht. In Tätigkeiten, die mehrere Generationen gemeinsam durchführen, bahnt es sich bereits an. In vielen effektiv-praktischen und sozial-ökologisch-künstlerischen Ansätzen, durch die wir Verantwortung gegenüber der Mit-Natur übernehmen, beginnt es sich zu realisieren. Dazu gehört auch, dass sich Kinder aller Religionszugehörigkeiten selbstverständlich mit ihrer Anschauung der Welt beheimaten können, sofern diese die Beachtung der Menschenrechte beinhaltet.

Die Natur-Kinder-Garten Werkstatt Reichshof

Die Konzeption der Natur-Kinder-Garten-Werkstatt will anregen, einen auf der Kulturgeschichte fußenden, einen gegenwartsbezogenen und einen zukunftsweisenden Wertemaßstab neu zu entwickeln und zu verinnerlichen, auf dass die uns anvertrauten Kinder in unserem Denken, Fühlen und vor allen Dingen in unserem Tun ein sinnvolles Vorbild finden. So können sie zu einer ganzheitlichen Anschauung der Welt gelangen. Sie können lernen, durch tätiges Erleben diese eine Schöpfung mit ihren Geschöpfen bewusst anzuschauen, um dadurch dem Frieden in der Welt zu dienen.
In diesem Sinne steht die Buchreihe *Natur-Kinder-Garten-Werkstatt. Vom Wiederentdecken des Ursprünglichen* mit ihren vier Jahreszeitenbänden Erwachsenen zur Verfügung, die Kindern im Kindergartenalter und bis zum Ende der Grundschulzeit hilfreiche Begleiter auf ihrem Entwicklungsweg mit der Natur sein wollen.

Irmgard Kutsch
Natur-Kinder-Garten-Werkstatt
Dorner Weg 4, 51580 Reichshof

DEZEMBER:

ADVENTS-

«Alle Jahre wieder?»

WERKSTATT

Mittlerweile ist es richtig Winter geworden. Der erste Schnee lockt die Kinder hinaus, und aus so manchem Garten lacht einem zu dieser Jahreszeit bereits ein Schneemann entgegen – oder, wie im obigen Bild, vielleicht auch einmal ein Schneetier. Es ist immer wieder erstaunlich und anrührend, wie schön und wie individuell diese frostigen Gesellen sind.
Allerdings lässt sich mutmaßen, dass diese Spezies schon bald auf die rote Liste der aussterbenden Arten gesetzt werden könnte; zum einen, weil sich unser Klima mit zunehmender Tendenz erwärmt und sich schon jetzt immer weniger Gelegenheiten bieten, im Schnee zu spielen. Zum anderen lässt sich unter den Kindern eine zunehmende Ignoranz den naturgegebenen Spielgelegenheiten gegenüber beobachten. Diese Ignoranz kann leicht überwunden werden, wenn Eltern und Berufspädagogen, die die Kinder begleiten, ihre Freude an Spiel und kreativer Betätigung in der Natur zum Ausdruck bringen. Während die Sonne im Tierkreiszeichen Schütze (♐) ihren niedrigsten Stand am 21. Dezember erreicht, dem

Heiner und Marianne Garff

Ein inneres Ahnen des kosmischen Geschehens zur Wintersonnenwende wird in diesem Kinderbild sichtbar.

Tag der Wintersonnenwende, harren die Pflanzen ihrem Neubeginn entgegen. Über der Erdoberfläche ist es kahl geworden. Was sie in vielfältiger pflanzlicher Gestaltung belebte, hat sich in die Unsichtbarkeit des Erdinneren zurückgezogen. Im Schutz der Erde ruht das, was das Pflanzenwesen in einen neuen Lebenskreislauf hinüberträgt. Es ist die Zeit der Samenruhe, der stillen Erwartung. Der schräg nach rechts oben gerichtete Pfeil des Tierkreiszeichens Schütze deutet in seiner Symbolhaftigkeit an, dass sich mit dem Zeitpunkt der Wintersonnenwende das scheinbar leblose Ruhen in der Natur zum aufwärts strebenden, neuen Leben wandelt. Dies vollzieht sich nicht spontan, sondern wird von verhaltener Ruhe geleitet, was der Querbalken im Symbol des Schützen andeutet.

Igel, Hamster und Fledermäuse schlafen schon längst, und auch das Eichhörnchen unterbricht seine Winterruhe lediglich, um von seinem angesammelten, vergrabenen Futter zu schmausen. Der Maulwurf gräbt sich durch überfrorenen Boden und macht durch frische

Erdhügel in der Schneewiese auf sich aufmerksam. Schlangen und Frösche fallen allmählich in eine Winterstarre, und die Schnecken verkleben ihre Haustür. Einzelne Schmetterlingsarten hängen wie erstarrt an geschützten Orten und warten auf die Frühlingssonne.
Besondere Aufmerksamkeit brauchen jetzt auch die Haustiere. Sie sind im Winter ganz auf die pflegende Hand des Menschen und besonders auf seine gute Gesinnung ihnen gegenüber angewiesen. Nie war dies so notwendig wie jetzt, im Zeitalter der Lebenskränkung.

Eiswerkstatt

Winterfreuden – das Spielen mit Eis und Schnee – sind, bedingt durch den Klimawandel, heute nicht mehr selbstverständlich. Wenn die liebevoll gebauten Schneemänner schon nach kurzer Zeit «Triefnasen» und «schwere Haltungsschäden» bekommen, können wir unseren Kindern stattdessen gestalterische Anregungen geben, die sich auch bei geringen Frostgraden umsetzen lassen:
Mit wenig Aufwand und viel Experimentierfreude kreieren wir Eisfiguren und Eislaternen; gegebenenfalls reichen dafür auch Balkon, Fensterbank oder Tiefkühlfach. Die Fotos auf S. 17 und 18 sowie die große Eislaterne von S. 121 vermitteln ein paar Anregungen für Eiskreationen.

Text: Marianne Garff / Melodie: Johanna Ruß

2. Es grünen seine Blätter getrost bei Wind und Wetter.
3. Die Blüten sind behauchet, in lauter Licht getauchet.
4. Empfangen in den Schalen der lieben Sterne Strahlen.
5. Christrose will zu Füßen das Kindlein fromm begrüßen.

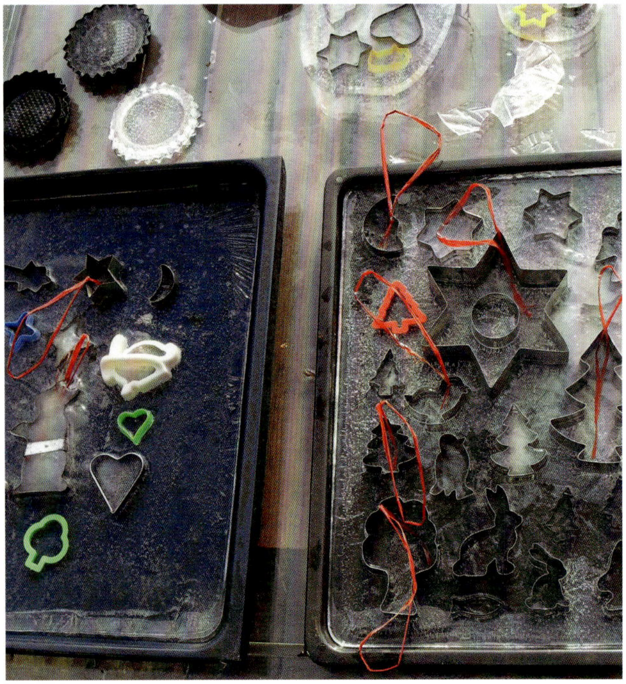

Winterruhe – Zeit zum Innehalten

Im Winter können wir auf das zurückblicken, was während des vergangenen Jahres im Außengelände Mittelpunkt unserer Aufmerksamkeit war. Wie anders sieht im Garten doch alles aus, wenn die Zaunpfähle mit Schneehauben geschmückt sind, die letzten Beeren der Sträucher ein Häubchen haben und auch auf dem Sitzrondell der Weidenlaube oder den Zwergenmöbeln im Sandkasten ein Polster liegt! Und in wie vielen feinsten Unterschieden erscheint das Weiß des Schnees! Wie anders leuchtet es im frostigen Morgenrot, wie blendet es in gleißender Mittagssonne oder erstrahlt in leuchtender Bläue nach Sonnenuntergang! Wie unendlich lang erscheinen die Schatten der Bäume oder unsere eigenen Schatten auf diesem schneeweißen Weiß!
Die Zeit der Erwartung, der Advent, kann nun auch im Menscheninneren Platz finden. Tiefer wird die Dunkelheit und strenger die Kälte der äußeren Welt. Die Menschen in unserem Kulturkreis bereiten sich auf das Weihnachtsfest vor. Die dunkle Vergänglichkeitsstimmung des Novembers wird abgelöst und vom zunehmenden Licht der vier Adventskerzen erhellt. Dieses Lichtwerden lässt Hoffnungen keimen, die im Christgeburtsfest einen Namen erhalten: Neubeginn.
Die Erneuerung und die Belebung des Weihnachtsgedankens können im Dezember in der Arbeit mit Kindern ganz im Vordergrund stehen. In der heutigen Zeit der Auflösung alter Traditionen und starker Konsumausrichtung sollte die Bedeutung des hohen christlichen Festes Weihnachten für Mensch und Natur neu gefasst werden.
In Erwartung des erscheinenden Lichts sollen sich innere Ruhe und Stille in unseren Gedanken, Empfindungen und in unserem Tun widerspiegeln. Gerade in der Arbeit mit Kindern entsteht diese Einkehr jedoch nicht von selbst, sondern muss ganz bewusst – und in jedem Jahr wieder neu – geschaffen werden.
Aus dem großen Repertoire der Sitten und Gebräuche haben wir diejenigen ausgewählt, die in ihrer Symbolkraft «das Werdende» als eine sich steigernde Fülle enthalten, ohne selbst schon Erfüllung zu sein.

Wie verwunschen – das weiß ausgelegte Sitzrondell der Weidenlaube! (Bauanleitung siehe Bd. 1, April-Kapitel.)

Die samentragenden Kräuterpflanzen auf der Kräuterspirale (siehe Bd. 1) bleiben über Winter als Nahrungsquelle für Samenfresser unter den Vögeln stehen.

Der Adventskranz

Die Kinder helfen beim Winden des Adventskranzes in der Voradventszeit gerne mit. Der ganze Raum duftet, wenn das Reisig zum Kranzbinden vorbereitet wird.
Man nimmt Äste von möglichst nicht nadelnden Bäumen, z.B. von der Douglasfichte, der Nordmannstanne oder der Kiefer. Außerdem können Thuja, Buchsbaum, Kirschlorbeer und Efeu hinzugenommen werden. Die Spitzen schneidet man auf ca. 20 cm Länge ab, das übrig bleibende gröbere Astholz fügt man mit Blumenbindedraht zu einem ringförmigen, stabilen Kranzunterbau zusammen.
Die vorbereiteten feinen Zweige werden nun schichtweise auf den Kern des Kranzes gelegt und spiralförmig mit Bindedraht festgewickelt.
Die Vorweihnachtszeit ist durchwoben von Heimlichkeiten, Überraschungen und kleinen Freuden. Entdecken die Kinder den duftenden, üppig-grünen Adventskranz dann zum ersten Advent geschmückt – vielleicht mit vier prächtigen Bienenwachskerzen – und wird ihnen zu Weihnachten hin eine sich steigernde Lichtfülle erlebbar, gehört dies mit Bestimmtheit zu den unauslöschlichen Kindheitserinnerungen.

Adventszeit – Kerzenzeit

Das Kerzenziehen, das Kerzengießen sowie das Färben und Schmücken von Kerzen sind in diesem Sinne besonders symbolträchtige Tätigkeiten. Brennende Kerzen sind gerade in der dunklen, kalten Jahreszeit ein äußeres Zeichen für ein inneres Licht, ein Wärmeerlebnis, das man in der Adventszeit anregen möchte.
Das Ziehen, Färben und Schmücken der Kerzen kann außerdem als eine willkommene Gelegenheit betrachtet werden, die Kinder in ein sorgsames, liebevolles Vorbereiten von Geschenken mit hohem ideellem Wert

Margret Costantini

Die Kinder formen Kerzenständer aus Ton, stecken die Kerzen hinein und schmücken sie mit Bucheckernhülsen.

einzuführen. Wie man mit Kindern Kerzen aus reinem Bienenwachs ziehen kann, ist ausführlich in Band 3 (November-Kapitel) beschrieben.
In jedem Fall sollte man Möglichkeiten suchen, den Kindern die Herkunft des Bienenwachses zu veranschaulichen. Der eindrucksvolle Blick in ein Bienenvolk ist allerdings nur in der warmen Jahreszeit gestattet (siehe Bd. 1, Mai-Kapitel sowie Kutsch/Obermann, *Mit Kindern im Bienengarten*).

Schiffchenblasen

In einem Wasserbecken, das aus einem transportablen Sandkasten, einer sauberen Speiswanne oder Ähnlichem besteht, wird eine Naturlandschaft aufgebaut. Man nimmt bizarre Wurzeln, schöne Steine, bemooste Rindenstücke, Astgabeln usw. und ordnet sie so an, dass Fahrrinnen und Häfen entstehen können, nachdem das Behältnis mit Wasser gefüllt wurde.

Weiße Kerzen werden zum Schmücken in flüssiges, farbiges Wachs getaucht. Der Arbeitsplatz wird durch ein Jutetuch geschützt.

Der Atemstrom muss beim Schiffchenblasen fein dosiert und zielgerichtet eingesetzt werden.

Nun bestückt man Walnussschalen mit kleinen Kerzen und setzt sie aufs Wasser. Behutsam werden die Kerzenschiffchen vom Starthafen aus durch die Fahrrinne in den Zielhafen geblasen, ohne dass die Kerzenflamme dabei verlischt.

Barbarazweige

Der 4. Dezember ist der «Barbaratag». Die Zweige vom Kirsch-, Apfel-, Pflaumen- oder Mandelbaum, von der Forsythie, dem Winterjasmin oder der Rosskastanie werden an diesem Tag geschnitten, über Nacht in lauwarmes Wasser gelegt und dann in einem Krug mit Wasser in ein mäßig warmes Zimmer gestellt. Das Wasser sollte alle drei Tage gewechselt und die Zweige gelegentlich etwas angespitzt werden. Am Weihnachtstag schließlich erfreuen uns die Barbarazweige mit ihren Blüten.
Für die Kinder, die ihr «Werden» verfolgt haben, ist dies eine wunderbare «Weihnachtsgeschichte».

Nikolausnüsse

Für jedes Kind wird eine Walnuss ausgehöhlt, vergoldet und mit Weizenkörnern gefüllt, die wir ja als Saatgut für das nächste Frühjahr verwahrt haben (siehe Bd. 1, März-Kapitel). Man klebt die vergoldeten Walnusshälften zusammen, nachdem sie mit einem goldenen Fädchen zum Aufhängen versehen wurden.
Der Nikolaus bringt den Kindern diese Nüsse in einem Körbchen, das mit einem schönen Tuch ausgelegt ist. Die Kleinen entdecken bald das geheimnisvolle Rascheln, wenn man die Nüsse bewegt. Der Nikolaus sagt ihnen, dass die Raschelnüsse bis zur Osterzeit ihr Geheimnis bewahren und dann erst geöffnet werden. Die Kinder können ihre Nuss zu Hause an den Weihnachtsbaum hängen.
Für die Kinder vollzieht sich auf diese Weise symbolhaft die Winterruhe des Getreides bis zur nächsten Vegetationsperiode. Wichtig ist hierbei die Haltung der Erzieherin: Es darf für Kinder auch geheimnisumwobene Dinge geben, die durch eine «naturwissenschaftliche» Erklärung lediglich entzaubert würden.

Wenn man davon ausgehen muss, dass dieses Geschehen möglicherweise von zu Hause aus nicht unterstützt wird, können die Nüsse auch an einem schönen Ast hängend den Gruppenraum bis zum Frühjahr schmücken.

Der folgende Text von Emma Proske kann den Kindern zum Nikolaustag erzählt werden:

Erzählung zum Nikolaustag

Weit im Osten wohnte ein frommer Mann, der Bischof Nikolaus. Eines Tages hörte er: Weit, weit im Westen ist eine große Stadt, dort müssen alle Menschen Hunger leiden, auch die kleinen Kinder. Da rief er seine Diener, die ihn liebten, und sprach zu ihnen: «Bringt mir von den Früchten eures Gartens und den Früchten eures Ackers, auf dass wir den Hunger der kleinen Kinder in der Stadt stillen.»
Da brachten die Diener Äpfel und Nüsse in Körben. Obenauf lagen Honigkuchen, die hatten die Frauen gebacken. Und die Männer brachten in Säcken Weizenkörner. Der Bischof Nikolaus ließ alle Gaben auf ein Schiff bringen, das hatte weiße und blaue Segel, so weiß wie die Wolken und so blau wie der Mantel von Bischof Nikolaus.
Der Wind blies in die Segel des Schiffes, sodass es schnell fahren konnte. Und wurde der Wind einmal müde, so setzten sich die Männer ans Ruder und ruderten das Schiff gen Westen.
Lange mussten sie fahren, sieben Tage und sieben Nächte. Als sie vor der großen Stadt ankamen, war es Abend. Kein Mensch war auf der Straße zu sehen. Aber in den Häusern brannte Licht.
Bischof Nikolaus klopfte an ein Fenster. Die Mutter im Haus glaubte, ein später Wanderer sei gekommen, und sie hieß ihr Kind die Tür öffnen. Doch niemand war vor der Tür. Da lief das Kind zum Fenster, aber auch dort war kein Mensch zu sehen.
Aber ein Korb stand da, der war gefüllt mit Äpfeln und Nüssen. Und Honigkuchen lagen dabei. Neben dem Korb lehnte ein Sack, aus dem quollen goldene Weizenkörner hervor.
Und auch vor den Türen der anderen Häuser stan-

den Körbe mit Äpfeln, Nüssen und Honigkuchen und Säcke mit Weizenkörnern. Alle Menschen der Stadt aßen von den Gaben und wurden wieder gesund und fröhlich.
Nun ist der heilige Nikolaus im Himmel. Jedes Jahr zu seinem Geburtstag begibt er sich jedoch auf die Reise hernieder zur Erde. Er bestellt sein weißes Ross und zieht von Stern zu Stern. Dort begegnet er der Mutter Maria. Sie sammelt goldene und silberne Fäden für das Hemdlein des Christkindes.
Maria spricht zu ihm: «Du lieber, heiliger Nikolaus, geh nun wieder zu den Kindern, bring ihnen deine Gaben und sage ihnen, es naht die Weihnacht. Und bitte sie um ein wenig Erdengold, um die guten Taten der Menschenkinder, damit ich das Hemdlein für das Christkind vollenden kann. Denn das Sternengold allein will nicht zusammenhalten.»
Die Erde ist weit und groß. Wo der Nikolaus nicht selbst hinkommen kann, da leiht er einem guten Menschen seine Stimme und beauftragt ihn, für ihn und in seinem Namen den Kindern Äpfel, Nüsse und Honigkuchen zu bringen und vom Kommen des Christkindes zu künden.

Krippen und Weihnachtslandschaften

Zur Weihnachtszeit können auf ganz besondere Art und Weise viele Elemente aus unserer «Natur-Kinder-Garten-Werkstatt» in einer sinnenfrohen Weihnachtslandschaft zusammengetragen werden.
Es bietet sich an, einen zusammenfassenden Rückblick auf dasjenige zu machen, was sich im gesamten Jahreskreis ereignete. Das Schönste, Gelungenste, Kostbarste aus der Werkstattarbeit der zurückliegenden zwölf Monate versammelt sich zu einer lebendigen Krippenlandschaft: An jedem Morgen der Adventszeit finden die Kinder in der Mitte des Adventskranzes etwas vor, womit sie dann die Krippengestaltung zu bereichern vermögen. Dabei können in der ersten Adventswoche Gegenstände zusammengetragen werden, die stellvertretend für das Mineralreich stehen, in den darauf folgenden Wochen des Advents Schätze aus dem Pflanzen- und Tierreich.

Um den Hintergrund und eine lebendige Struktur der Weihnachtslandschaft zu gestalten, können Wurzeln gesammelt werden. Die Kinder befreien sie mit Freude von Erde und losen Bestandteilen, um die lebendigen Wuchsformen des Wurzelholzes freizulegen. Man verwendet dafür am besten Draht-, Wurzel- und alte Zahnbürsten.

Während die Mädchen meist mit Drahtbürsten arbeiten, greifen die Jungen bevorzugt zu Klöpfel und Beitel, zu Messer und Sägen.

Manche bizarre, dekorative Wurzelform fällt den tatenhungrigen Bubenhänden «zum Opfer». Das Ästhetikempfinden der erwachsenen Begleiter hat aber hinter dem kindlichen Handwerkerdrang zurückzustehen.

- Im *Januar* stellen wir in der Wollwerkstatt Menschen- und Tierfiguren her. Als Maria mit dem Kind und als Joseph, als Hirten und Könige finden sie sich hier in der Krippenlandschaft wieder.
- Im *Februar* wird in der Holzwerkstatt möglicherweise bereits der Stall aus Rundhölzern gebaut. Er gibt nun Mensch und Tier Schutz. In der Tonwerkstatt werden Kerzenständer und Vasen geformt.
- Im *März* säen wir das Getreide aus, das in den Nikolausnüssen so lange geruht hatte. Aus dessen Stroh basteln wir Sterne für die dunklen Tannenzweige.
- Im *April* legen wir im Garten den Lebensraum an, in dem die Christrose für die Weihnachtslandschaft wächst.
- Im *Mai* färben wir mit Pflanzenfarben das Tuch für Unter- und Hintergrund der Krippe.
- Im *Juni* füllen wir ein Duftsäckchen mit Rosenblütenblättern und verwahren die schönsten Puppen, aus denen die Schmetterlinge geschlüpft sind.
- Im *Juli* sammeln wir bei unseren Ferienausflügen Raritäten aus Mineral-, Pflanzen- und Tierreich, von denen wir jetzt die schönsten auswählen.
- Im *August* ernten wir das Krippenstroh für das Christkind.
- Im *September* beschert uns der Apfelbaum sehr haltbare, duftende Winteräpfel, von denen wir einige für die Krippe verwahren.
- Im *Oktober* flechten wir einen kleinen Krippenkorb, in dem das Christkind ruhen kann, und bauen aus Na-

Eine Krippenlandschaft kann wie ein künstlerisch-handwerklicher Adventskalender einen Überblick über alle Jahresthemen der Natur-Kinder-Garten-Werkstatt geben. Ist das nicht ein kindgemäßes Symbol zum Ende eines Kalenderjahres?

turmaterialien eine urige Hütte, die als Krippenstall dienen kann.

- Im *November* ziehen wir die Bienenwachskerzen, die unsere Weihnachtslandschaft erhellen.
- Im *Dezember* schließt sich – auf diese Weise sichtbar gemacht – ein ganzer Jahreskreis vor den Augen der Kinder, in dem sie viele komplexe Handlungsabläufe begleiten und aktiv miterleben konnten.

Zur pädagogischen Zielsetzung der Natur-Kinder-Garten-Werkstatt gehört ein wichtiges Element: eine angestrebte Gemeinschaftsbildung, die sich durch die zahlreichen Handwerkstätigkeiten entfalten kann. Zum Fest der Liebe eine Krippe gemeinsam zu gestalten bedeutet, sich gegenseitig wahrzunehmen, aufeinander zu hören, voneinander zu lernen, um in gemeinsamer Vorfreude in den eigentlichen Sinn des Festes einzutauchen.

Die Generationen unserer Vorfahren wurden früher in ganz anderer Weise auf das Weihnachtsfest eingestimmt: Das Naturgeschehen dieser Jahreszeit erlebte man damals als wirklich dunkel, und die Sterne am Himmel glänzten daher besonders hoffnungsvoll hell. Die Eisblumen an den Fenstern glitzerten und erweckten Ahnungen von elementaren Zusammenhängen. Ein allgemeines Großreinemachen steigerte die Erwartungshaltung und ließ die Wohnstuben noch gastlicher erscheinen.

Heutzutage wird die natürliche Dunkelheit durch die Überflutung von künstlichem Licht vertrieben, Doppelglasfenster mit gewünschter Isolierung verhindern

Eisblumenbildung, und unsere Kultur der allzeit hygienischen, pflegeleichten Wohnraumgestaltung lässt besondere Aktivitäten der Gastfreundschaft unnötig werden. Der einstmalige Zauber der Adventsstimmung wurde längst durch das Zerrbild einer hektisch-lauten Konsumwelt verdrängt.

Für jedes Thema des Buches stellt uns ein Fachmann aus seiner beruflichen Sicht einen persönlichen Schwerpunkt dar. Diese Fachbeiträge können helfen, den eigenen Standpunkt zu fundieren, um einen facettenreichen Blickwinkel zu erhalten. Zum Monatsthema Dezember beschreibt uns Wolfgang Vorländer, Pfarrer in Reichshof, seine theologische Sichtweise zu Advent:

<< *1: Die Figuren des hier inszenierten weihnachtlichen Geschehens wurden aus reinem Bienenwachs geformt, das zuvor mit Wollfett vermischt worden war (siehe Bd. 3, November-Kapitel sowie Kutsch/Obermann, Mit Kindern im Bienengarten).*

<< *2: Auch farbiges Bienenwachs, das in Bioläden und gut sortierten Bastelläden zu finden ist, lässt sich gut zur Gestaltung von Krippenfiguren verwenden. Grundlage dieser Krippe ist eine Baumscheibe mit Bohrungen an der Peripherie für die Bögen aus Haselruten. Die Wand ist aus Jutekordel geflochten. (Siehe auch Bd. 3, Oktober-Kapitel.)*

< *3 und 4: Im Kindergarten der Arbeiterwohlfahrt Oberwiehl bauten Eltern die abgebildete Krippe für den Gruppenraum. Während der Herbstzeit waren schon Garten-, Feld-, Wald- und Wiesensträuße für diese adventliche Arbeit zum Trocknen aufgehängt worden. Die Figuren wurden aus Ton geformt.*

Der Advent und seine wahre Bedeutung

Um Advent zu verstehen, muss man eine lange Reise in die Vergangenheit machen, nämlich zu den Propheten Israels, deren Botschaft uns im Alten Testament überliefert wird. Ihr großes Thema ist Gottes Gerechtigkeitsempfinden für alle Schwachen und Rechtlosen und seine Treue gegenüber uns Menschen trotz unserer Schuld. Sie sprechen von einer Zukunft, in der Gott den Menschen einen Neuanfang schenkt, in der er selber Frieden schafft, ja umfassendes Heil, das sich auswirkt bis hinein in die Natur. Mehr noch, Gott selber wird aus seiner Verborgenheit heraustreten und eine enge Gemeinschaft zwischen ihm und uns Menschen stiften. Dieses Kommen Gottes am Ende der Zeiten ist das Thema der Adventszeit. Im Advent geht es um eine große Hoffnung für die ganze Menschheitsfamilie und die ganze Schöpfung. Die Geschichte endet nicht im Chaos, im Weltuntergang, sondern im «Weltaufgang». Diese heilvolle Zukunft nennt die Bibel auch das «Reich Gottes».
Daher ist die Adventszeit eine Zeit, in der wir uns hineinnehmen lassen in die Hoffnungsgeschichte Israels und der Christenheit, die mit den Weissagungen der Propheten begonnen hat.
Wir blicken im Advent aber nicht nur nach vorne in die Zukunft, die Gott für uns bereithält, wir blicken auch zurück und denken an das Kommen Jesu Christi. In Jesus von Nazareth ist Gott selber in unsere Welt getreten, um allen Leidenden, allen Unterdrückten und Hoffnungslosen nahe zu sein und ihr Los zu teilen. Weihnachten, das Wunder der Menschwerdung Gottes, ist das Unterpfand unserer großen Hoffnung für die Welt!
Aber noch ist das Elend, das Unrecht und das Leid nicht besiegt. Noch tun Menschen einander Gewalt an und vergreifen sich an Gottes Schöpfung, anstatt sie zu bewahren.
Darum denken die Christen im Advent auch daran, dass Jesus Christus, der gekreuzigte und auferstandene Retter, wiederkommen wird, um alle Verheißungen der Propheten Israels zu erfüllen, ja, Gottes Treue gegenüber dieser Welt endgültig zu verwirklichen.

Kinder sortieren Halbedelsteine in einem Muldenbrett, einmal nach Farben, ein anderes Mal nach Größe oder Form. In der Jahreszeit der Winterruhe in der Natur ist das eine besonders beliebte Beschäftigung mit Naturmaterial. Wird die Weihnachtslandschaft aufgebaut, so können die farbigen Steinchen den Weg Marias und Josefs zum Stall schmücken.

Können Sie sich vorstellen, wie in dieser natürlichen, tierartgemäßen Atmosphäre das weihnachtliche Krippenspiel in Lebensgröße dargeboten wird? Die Demeter-Hofgemeinschaft des Birkenhofes im Siegerland spielt es jedes Jahr für mehrere hundert Zuschauer.

Kann das Verstehen und Erleben der eigenen Kultur nicht ein gutes Fundament bilden, um in einer multikulturellen Gesellschaft Fähigkeiten zu entwickeln, die interkulturell friedensfördernd wirken? So wie ein Kind erst nach den Sternen fragen kann, wenn es sie von seinem Erdenstandpunkt aus wahrgenommen hat, entwickeln sich Interesse und Neugierde an anderen Kulturen oder Religionen eher, nachdem der eigene Standpunkt gefunden worden ist. Für die daraus erwachenden Fragen finden sich dann auch passende Gesprächsgelegenheiten: Zum Beispiel kann bei der Weihnachtsfeier im Kindergarten ein Gespräch über die Festhöhepunkte anderer Religionen die zwischenmenschliche Atmosphäre für alle bereichern.

Weiterführende Literatur

Georg Dreißig, *Das Licht in der Laterne. Ein Adventskalender in Geschichten.* Verlag Urachhaus, Stuttgart [13]2014

Freya Jaffke, *Advent, Anregungen für die Vorweihnachtszeit.* Verlag Freies Geistesleben, Stutgart [8]2011

Freya Jaffke, *Feste in Kindergarten und Elternhaus. Teil 1: Jahreszeitentische, Advent, Weihnachten, Fasching.* Verlag Freies Geistesleben, Stutgart [5]2015

Masahiro Kasuja, *Der kleine Stern.* Wittig Verlag, Hamburg 1982

Masahiro Kasuja, *Vor langer Zeit in Bethlehem.* Atlantis Kinderbücherei, 1972

Gunhild Sehlin, *Marias kleiner Esel und die Flucht nach Ägypten.* Verlag Urachhaus, Stuttgart [17]2015

JANUAR: WOLL-WERKSTATT

Vom Faden, den man nicht verlieren mag

Geht man im Januar durch die Natur, so erscheint über der Erdoberfläche nun alles tot und kahl. Die Luft ist frostig und kalt, der Erdboden zum Teil kristallin erstarrt. Zuweilen breitet sich eine weiße Schneedecke über dem Land aus.

Die Tiere, die in unserem Garten leben und keinen Winterschlaf halten, bedürfen jetzt einer beständigen Aufmerksamkeit. Dazu gehören in erster Linie die Vögel, die in unseren Breiten überwintern. Über ihre besondere Pflege haben wir im November-Kapitel (Bd. 3) geschrieben. Ganz wichtig: Bei Frost und Schnee ist täglich für eine offene Vogeltränke in einem frostfesten Gefäß zu sorgen. Wenn Teiche und Bachläufe zugefroren sind, gewinnt Wasser eine noch größere Bedeutung als Körnersaat und Fett.

Der Januar steht hauptsächlich unter dem Tierkreiszeichen Steinbock (♑), unter dessen Einfluss neue Wachstums- und Werdekräfte in den Pflanzen aufleben. Im Erdenschoß werden die Samen zu neuer Lebensentfaltung angeregt. Die Lichtsehnsucht erwacht und möchte die winterliche Dunkelheit überwinden.

Der Steinbock sucht seinen Lebensraum in gebirgigen Regionen, wo wir ihn auf den höchsten Felsspitzen entdecken können. Dort steht er und hält Umschau. Als ob er ständig die Herausforderung sucht, seine Stärke und Gewandtheit unter Beweis zu stellen, ist ihm kein Felsgrat zu gefährlich, keine Region zu einsam. Betrachtet er einmal ein Gebiet als das seinige, verteidigt er dieses mit düster-drohendem Blick und mächtiger Stoßkraft seiner nach vorne gerichteten Hörner. Schon die kleinen Ziegen zeigen in ihrem Verhalten diese ständige Aktivitätsfreude durch eckige, stoßende Sprünge.

Die beschriebene Wesensart des Steinbocks spiegelt symbolisch das wider, was auch in der Natur zu dieser Jahreszeit unsichtbar im Erdinneren auflebt: er-

wachende innere Aktivität und erstes Sprengen der Samenhüllen. Das ist die Voraussetzung dafür, dass unter dem sich anschließenden Tierkreiszeichen Wassermann (♒) das «Lebenswasser» vom eben erwachten Keim aufgenommen werden kann.
Die Stimmung, die im Januar in der Natur vorherrscht, spiegelt sich im folgenden Kindergedicht von Alfred Baur treffend wider:

Es knurrt der Hund.
Es grollt im Grund
der tiefe See.
Es knackt das Eis,
es knirscht der Schnee,
es knarrt der Wald
so klirrekalt.
Es klingt der Stern,
da keimt der Kern
im Ackergrund.
Kein Samenkorn
ist noch erfrorn,
solang es schlief
im Acker tief.
Ein Gnom, der weckt's,
ein zweiter schreckt's,
ein dritter denkt's,
ein vierter lenkt's,
ein nächster schiebt's zum Lichte vor.
Bald grünt's zum Himmel kühn empor.

Die Tageslänge nimmt im Laufe des Januars um annähernd eine Stunde zu. Zugleich wächst bei den Kindern die Aktivitätsfreude. Aber leider können sich längst nicht alle Kinder im Schnee und auf dem Eis ausleben. Die Spielzeit im Freien ist durch Kälte und Nässe oft sehr begrenzt. Natürlicherweise brauchen die Kinder dann neben dem Spiel in Eis und Schnee eine sinnvolle und aktivitätsreiche Tätigkeit in der warmen Stube mit wärmendem Material. Der Januar bietet sich an, mit den Kindern eine Wollwerkstatt einzurichten.

Als dieses Bauernkind – noch keine zwei Jahre alt – zum ersten Mal in seinem Leben den Garten «in Weiß» entdeckte, rief es erstaunt aus: «Oh, Milch!» Umso verwunderter war das Kind, als es bei näherem Hinschauen, Fühlen, Schmecken dem winterlich-weißen Geheimnis auf die Spur kam: Schnee.

Arbeiten mit Wolle – ein reiches Erfahrungsfeld

In der gesamten Kulturgeschichte der Menschheit spielt die Gewinnung von Garnen und Stoffen eine existenzielle Rolle. Zu Kleidungsstücken verarbeitete Textilien sind bis heute und auch in Zukunft aus dem menschlichen Leben nicht wegzudenken. Deshalb sei betont, dass keineswegs nur nostalgische Wunschvorstellungen befriedigt werden, wenn wir den Kindern eine Wollwerkstatt einrichten. Beim Kardieren, Spinnen, Weben,

Wollwerkstatt im Kindergarten

Adolf Gast (vorne) an seiner riesigen Kardiermaschine. Kinder, die schon einmal Wolle von Hand kardierten, können gut verstehen, was diese Maschine leistet. Sie steht mittlerweile im Rheinischen Industriemuseum Engelskirchen, wo sie regelmäßig in Aktion bestaunt werden kann.

Häkeln, Stricken und Filzen erwerben sich die Kinder im altersgemäßen Tun elementare Grunderfahrungen in vielerlei Hinsicht.
Zum einen lernen sie in der Wollwerkstatt Fähigkeiten und Fertigkeiten alter Handwerkstechniken. Wenn diese Tätigkeiten darüber hinaus von entsprechenden Liedern, Spielen, Gedichten, Geschichten und Märchen begleitet werden, dann werden die Kinder beispielhaft in eine umfassende Gesamtschau einer bestimmten Thematik eingebunden. Mittels kulturhistorischem Rückblick und visionärer Vorausschau – dies natürlich kind- und altersgemäß – wird ein Lernen im Sinne vernetzten Denkens und Handelns situationsorientiert möglich: *die* Forderung der Zukunft.

Der Spinnereimeister Adolf Gast aus Bergneustadt betreut die alten Spinn- und Webmaschinen in den Industriemuseen des Landschaftsverbandes Rheinland in Engelskirchen und Kuchenheim bei Euskirchen. Er verfasste für uns den folgenden Themenbeitrag:

Wolle und ihre industrielle Verarbeitung

Seit Urzeiten hat der Mensch Wolle, Haare oder Felle von Tieren genutzt, um sich vor Kälte und Witterung zu schützen. Hervorgehoben sei die Wolle vom Schaf, weil sie bestimmte Eigenschaften hat, z.B. die Fähigkeit, Feuchtigkeit und Wärme anzunehmen und abzugeben. Die Wolle ist also in der Lage, unseren Körper immer in einem günstigen Klima zu halten, in dem wir uns wohlfühlen.
Das Wollhaar besitzt Schuppen, vergleichbar einem Tannenzapfen. In diesen Schuppen sitzt das Wollfett, genannt Lanolin; es hält das Wollhaar geschmeidig. Bei der Verarbeitung der Wolle stört das Lanolin, weil es die feinen Zähnchen an den Maschinen verklebt. Dadurch entstehen schlechte Laufeigenschaften. Also muss das Lanolin aus der Wolle herausgewaschen werden. Dies geschieht mit chemischen Seifen. Durch den Entzug des Lanolins wird die Wolle jedoch brüchig und kann sich statisch aufladen. Damit sie wieder geschmeidig wird, setzt man chemische Öle zu. Die Chemiker sollten immer darauf bedacht sein, dass die verwendeten Seifen und Öle der menschlichen Gesundheit nicht schaden.
Die Wolle ist hinsichtlich ihres Wachstums sehr verschieden. So gibt es lange, kurze, dicke, dünne, gekräuselte, bunte und brüchige Wolle. Um einen guten Faden spinnen zu können, müssen mehrere Sorten gemischt werden. Hierfür wird ein Mischbett angelegt. Dort werden die einzelnen Wollsorten schichtweise übereinandergelegt. Die gemischte Wolle gelangt in eine Maschine mit rotierenden Walzen, die mit dicken Zähnen besetzt sind. Wegen der dicken Zähne nennt man diese Maschine «Wolf». Der Wolf reißt die verklumpte Wolle auseinander, sodass die einzelnen Fasern frei werden.
Die nächste Maschine ist die Krempel oder Karde. Sie ist genauso gebaut wie der Wolf, hat aber nur ganz feine Zähnchen. Diese Zähnchen verziehen die Fasern der Wolle so lange, bis sie möglichst parallel nebeneinanderliegen. Am Ende der Krempel werden die Fasern – hier heißen sie jetzt Flor – in schmale Bändchen geteilt. Diese Bändchen gelangen zur Spinnmaschine. Das fertige Garn kann jetzt gestrickt, gehäkelt oder gewebt werden.
So viel Wolle, wie durch die Mode benötigt wird, kann gar nicht nachwachsen. Daher suchte man nach einer Alternative und entwickelte die synthetischen Fasern. Diese Fasern werden aus einem Brei hergestellt, der durch Düsen mit feinen Löchern gepresst wird. Der Durchmesser der Löcher bestimmt die Dicke der Fasern. Beim Austreten aus der Düse werden die Fasern durch chemische Laugen fixiert, sodass sie nicht mehr aneinanderkleben. Anschließend werden die Fasern in etwa so lange Stückchen wie bei den Wollfasern geschnitten. Auch hier hat der Chemiker es in der Hand, Substanzen einzusetzen, die der menschlichen Gesundheit nicht schaden.

Kleidung – unsere zweite Haut

Wer mit verschiedenen Hilfsmitteln versucht, Fäden zu «formen», wer gesehen hat, wie sich durch harmonische Tret- und Drehbewegungen mithilfe des Spinnrades ein starker, fester Faden entwickelt, bekommt einen geschulten Blick, ein sicheres Gefühl für die Qualität von Garnen und Stoffen. Schon im Vorschulalter kann keimhaft und kindgemäß ein Wissen veranlagt werden, dass Jacke wie Hose und was wir sonst noch am Leibe tragen danach ausgewählt werden, ob sie uns die nötige Luft- und Wärmehülle geben und uns vor Regen bzw. zu viel Sonne schützen. Bekleidung ist sozusagen unsere zweite Haut, mit der wir uns an die Bedingungen der Natur als Mensch anpassen können.
Im Zeitalter der Allergien sind Qualitätsfragen hinsichtlich der Bekleidung und ihrer Farben nicht zu unterschätzen. Bei Kindern beispielsweise, die von Kopf bis Fuß in Synthetik gekleidet sind, entsteht häufig der Ein-

druck, dass sie schier «aus der Haut fahren» möchten. Sobald sie sich einmal intensiver bewegen, entsteht ein Wärmestau unter ihren Kleidern; die vom Körper abgegebene Feuchtigkeit kann nicht entweichen. Die Kinder sind nass geschwitzt und erkälten sich beim leichtesten Luftzug.
Textilien aus Wolle hingegen können infolge von Kräuselung und Elastizität der kleinen Faser große Mengen Luft in sich einschließen und wirken dadurch wärmend. Der Feuchtigkeitshaushalt des Körpers wird sehr günstig beeinflusst. Wolle kann außerdem bis zu 40 Prozent ihres Eigengewichtes an Feuchtigkeit aufnehmen, ohne sich feucht anzufühlen. Auf Wolle siedeln sich keine Keime oder Bakterien an, weil das die schuppige Struktur des einzelnen Haares nicht zulässt. Durch ihren natürlichen Lanolingehalt wirkt sie heilend. Der Apotheker verwendet das Wollfett als wichtige Salbengrundlage.
Schurwolle wirkt also optimal klimatisierend. Sie schützt vor Kälte, Feuchtigkeit und Hitze gleichermaßen gut und trägt dazu bei, dass der Mensch sich in seiner Haut wohlfühlt.
Wer schon in der Kindheit mit sich selbst und seiner Gesundheit sorgsam und liebevoll umgehen lernt, wird im späteren Leben als Jugendlicher und Erwachsener viel eher auch ein Bewusstsein für den pfleglichen Umgang mit der Erde, ihren Schätzen und ihrer Lufthülle entwickeln. Er wird im Erwachsenenalter leichter zu einer naturnahen und umweltbewussten Konsumentenhaltung gelangen können.
Hier können sich weitere Fragen entwickeln, z.B. nach dem Rohmaterial des Kleidungsstückes, das erworben werden soll. Vielleicht will man auch noch in Erfahrung bringen, ob bei der Rohstoffgewinnung Pestizide, synthetische Dünge-, Entlausungs-, giftige Bleichmittel, Weichmacher oder Chemiefarben verwendet wurden, deren Reste sowohl den Menschen selbst als auch die Umwelt beeinträchtigen können. Eventuell wird man sich darüber informieren, ob alle Verarbeitungsschritte in einer Region vollzogen wurden, was sich energiesparend im Transportwesen auswirkt. Wesentlich ist auch, unter welchen Arbeitsbedingungen die Menschen der jeweiligen Textilbranche produzieren. Voraussetzung wäre natürlich, dass der Hersteller seine Waren einer

Mechanische Urphänomene werden während der Wollwerktage in den Kindergärten meist von den Jungen entdeckt und kommentiert, besonders beim Spinnrad.

strengen und zuverlässigen Volldeklarationspflicht unterzieht.
Was sich in der Textilherstellungstechnologie mehr oder weniger unsichtbar und anonym hinter Fabrikmauern abspielt, kann derjenige besser ermessen, der auf elementare Art und Weise komplexe Handlungsabläufe bei der Entstehung von Textilien nachvollziehbar miterleben kann und selbst tätig wird. Nicht zuletzt daraus wird sich ein Grundverständnis für Herstellungstechnologien entwickeln können, das vielleicht auch auf andere Lebensbereiche übertragen werden kann. Ein erlebnisreiches und vielfältiges Umfeld wird helfen, die Kinder von heute darauf vorzubereiten, die sozialen und ökologischen Aufgaben von morgen mit Fantasiekräften, Verständnis und Können zu ergreifen und zu bewältigen.

Die Verarbeitung der Wolle

Die Schafschur

Viel Handwerkliches gibt es in der Wollwerkstatt zu tun. Die Kleinen sind erfahrungsgemäß mit großer Freude und viel Eifer dabei. Das Verarbeiten von Wolle ermöglicht – wie kaum ein anderer Bereich – ein vielfältiges alters- und entwicklungsdifferenziertes Tun in der Kindergruppe. Der Weg der Gewinnung und Verarbeitung der Wolle – vom Schaf bis zum Webteppich oder zum Strickpullover – ist lang und mühevoll. Erwachsene sollten Kindern in diesem Zusammenhang ein weites und reiches Erfahrungsfeld ermöglichen.

Langsam besinnt man sich heute wieder auf eine artgemäße Haltung und Behandlung von Tieren. Biohöfe machen es sich unter anderem zur Aufgabe, vom Aussterben bedrohte Nutztierarten weiter zu züchten. Die «Arche-Gruppe Bergisch Land e.V.» beispielsweise präsentiert ihre alten Rassen auf vielen ökologischen Veranstaltungen, um das Bewusstsein des Menschen in dieser Richtung zu erweitern. Besuchen Sie mit Ihren Kindern «Arche-Höfe», und lassen Sie sie teilhaben an einem wertvollen Stück Kulturgeschichte. (Bei der «Geschäftsstelle zur Erhaltung alter und gefährdeter Haustierrassen e.V.», Am Eschenbornrasen 11, 37213 Witzenhausen, Tel. 05542-1864, sowie unter der Internet-Adresse www.g-e-h.de ist eine Liste aller Arche-Höfe in Deutschland erhältlich.)

Nicht nur Kindern ermöglicht der Besuch beim Schäfer ein eindrucksvolles Erlebnis, vor allem wenn man der Schur beiwohnen darf. Eine enorme Menge an Wolle macht den wasserdichten Pelzmantel eines Schafes aus. Sein hoher Fettgehalt lässt den Regen nicht bis zur Haut des Tieres vordringen.

1: Bei Museumsfesten, Naturerlebnistagen, Hoffesten und Ökomessen können Kinder eventuell auch eine Schafschur erleben.

2: Behutsam, geschickt und mit flinken, sicheren Griffen wird das Schaf geschoren.

Reinigen und Trocknen der Wolle

Um die Wolle verarbeiten zu können, muss sie zunächst vom groben Schmutz befreit werden. Hierfür weicht man sie in mit Regenwasser gefüllten Wannen mehrere Stunden lang ein, stampft sie mehrmals kräftig – am besten mit alten Wäschestampfern (siehe Foto unten) oder bloßen Füßen – und hängt sie zum Trocknen auf. Danach wird sie vorsichtig auseinandergezogen, damit loser Schmutz herausrieseln kann. Dieser Vorgang wird so oft wiederholt, bis die Wolle ganz sauber ist. Diese Arbeit sollte möglichst im Freien gemacht werden, am besten nach der Schafschur im Sommer.
In der weiteren Verarbeitung lernt man dann Karden, Spindeln und Webhilfen kennen.

Wolle wird am besten im Sommer draußen gewaschen. Zinkwannen eignen sich besonders gut. Zum Waschen nimmt man möglichst Regen- oder Brunnenwasser und kein Waschmittel, damit das Wollfett erhalten bleibt.

Wolle waschen mit alten Wäschestampfern – eine der vielen Lieblingsbeschäftigungen in der Natur-Kinder-Garten-Werkstatt.

In der Natur-Kinder-Garten-Werkstatt trocknet die Wolle auf Wäscheständern, Kompostsieben und Leitern, die mit Fischernetzen belegt werden. Sonne und Wind machen die Wolle locker und flockig. Das anschließende Ziehen der Wolle von Hand ist nötig, damit weiterer Schmutz aus der Wolle herausrieseln kann.

Beim Kardieren mit der Trommelkarde finden sich besonders gern die Jungen ein.

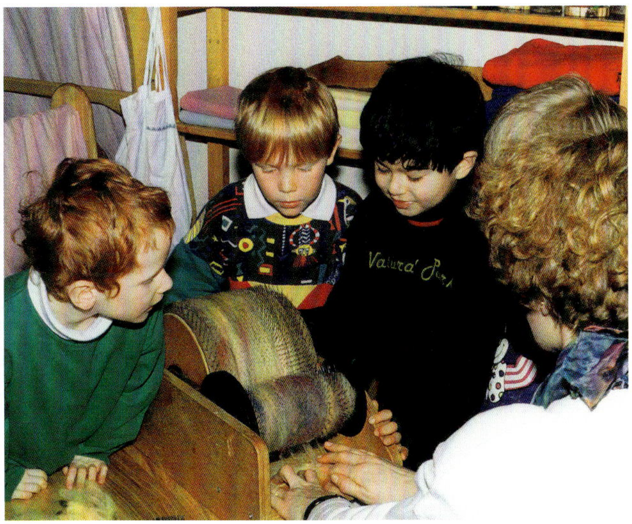

Wird die gewaschene Wolle in die Kardiermaschine hineingegeben, so nimmt man vorgezupfte kleine Portionen, die gut festgehalten werden, damit die Karde nicht verstopft.

Kardieren

Das Kardieren ist der nächste Schritt in der Wollverarbeitung. Man versteht darunter das Auflockern der Wolle. Dies kann ohne jedes Hilfsmittel geschehen. Dabei wird die Wolle einfach mit den Fingern gezupft, bis ein feiner Schleier entsteht. Um es für die Kinder ins Bild zu setzen: so dünn, bis das Licht hindurchscheinen kann, so zart wie Schmetterlingsflügel, so fein wie Schneeflocken, die zur Erde schweben.
Größere Kinder sind oft geschickt im Umgang mit den *Handkarden*, zwischen denen man die Wolle locker bürstet. Die geschicktesten Kinder bedienen die *Trommelkarde* und achten immer darauf, dass sich nicht zu viel Wolle zwischen die große und die kleine Bürstenwalze hineinzieht. Viel Geduld und Ausdauer sind erforderlich, um auf diese Weise ein schönes, dickes Wollvlies zu erhalten.

Spinnen

Nach dem Kardieren folgt das Spinnen, wenn man zu einem Faden kommen will. Man kann die sorgsam kardierte Wolle sehr einfach mit *Stöckchenspindeln* zu Fäden verarbeiten.
Um solche Spindeln herzustellen, nehmen wir ein 15 bis 20 cm langes und ca. 1 cm dickes Stöckchen, schnitzen die Rinde ab und schleifen es glatt.
Beim Spinnen mit einer Stöckchenspindel sitzen sich zwei Kinder gegenüber. Das eine Kind hält eine kardierte Wollportion fest, das andere zieht vorsichtig Wollfasern heraus, dreht sie im Uhrzeigersinn zu einem Faden und wickelt diesen auf den Stock. Ziehen, Drehen und Wickeln folgen stets rhythmisch aufeinander.
Auch mit einem *Asthaken* kann man in einfacher Weise spinnen. Er wird mit der einen Hand um seine Längsachse gedreht, während die andere Hand die gekardete Wolle hält. Mit dieser Methode lässt sich sehr feines Garn mit hoher Festigkeit spinnen. Bereits Sechsjährige können mit dem Asthaken spinnen, wenn sie vorher genügend Materialgefühl für die Wolle entwickelt haben.
Die Arbeit mit *Fallspindeln* ist für die Kinder noch zu schwierig, aber trotzdem als uralte, über viele Kulturen

Schnitzen und feines Schleifen der Stockspindeln.

Wolle spinnen mit der Asthakenspindel.

Fäden spinnen zu zweit ... eine sehr feine soziale Übung zum ersten Erlernen des Spinnens.

verbreitete und wenig aufwendige Methode unbedingt demonstrierenswert. Während der Erwachsene den Faden vorformt, haben die Kinder große Freude daran, der Spindel stets zum nötigen Drehschwung zu verhelfen. Sobald der Faden den richtigen Drill hat, wickelt man ihn auf die Schwungscheibe oder das Drehkreuz der Fallspindel auf.

Große Faszination übt auf die Kinder das *Spinnrad* aus, wenn es in Aktion ist. Was geschieht da? Ganz offensichtlich entsteht aus einer chaotischen Menge von ungeordneten Wollfasern ein ordentlicher, starker Faden, zudem noch auf eine Spule aufgewickelt. Redewendungen wie «den Faden verlieren» und «den Faden wieder aufnehmen» werden so vor den Augen der Kinder mit Sinn erfüllt. Wird hier nicht symbolhaft erlebbar, was es bedeutet, wenn jemand «spinnt» oder «Hirngespinste» hat? Beim Verspinnen von Wolle wird handwerklich

Spinnen mit einer Fallspindel.

Bei allen alten Kulturtechniken, z.B. dem Gewinnen von Garnen, sind die Kinder mit Interesse dabei und warten gespannt auf die Möglichkeit zum Mitmachen.

praktisch das vollzogen, was sich im Kopf beim Spinnen des Gedankenfadens – des Fadens der Logik – ereignet. Friedel Lenz schreibt über das Bild des Spinnens: «Die Spule dient dem Aufspulen, dem Sammeln des gesponnenen Fadens. Spule und Knäuel weisen so auf mehr oder weniger vollendete Gedankenabläufe hin. Rollen sie sich ungeordnet zusammen, so deutet das auf eine Ver‹wicklung› hin, entrollen sie sich, wickeln sie sich ab, so bedeutet dies eine ‹Entwicklung›.» (Friedel Lenz, *Bildsprache der Märchen,* Verlag Urachhaus, Stuttgart [6]1988, S. 253.)

Das Spinnen ist also eine urbildhafte menschliche Tätigkeit, die man den Kindern auf keinen Fall vorenthalten sollte. Mit Begeisterung lassen sie ihre gezupften farbigen Wollflocken mit in das Spinnrad hineinlaufen und verfolgen, wie sich die Fasern spiralig miteinander verdrillen und auf der Spule aufgewickelt werden. Besonders deutlich sichtbar und nachvollziehbar wird der Spinnvorgang, wenn man verschiedenfarbige Wollflocken verwendet.

Gesponnen, egal mit welchem Werkzeug, wird immer *im Uhrzeigersinn.*

Begleitet man diese rhythmischen Drehvorgänge mit entsprechendem Lied- oder Versgut, so erleichtern wir den Kleinen das Erlernen dieser Handwerkstätigkeit. Kindern mit anderer Muttersprache können wir auf diese Weise den Zugang zu unserem Kulturkreis über das ‹Be-Greifen› der deutschen Sprache eröffnen.

Die innige Verbindung von gesungenem Sprach- und tätigem Arbeitsrhythmus erlebte ein Fünfjähriger, der erst dann anfangen wollte zu spinnen, wenn das entsprechende Lied gesungen wurde. Er war überzeugt davon, dass sich das Spinnrad nur drehen kann, wenn gesungen wird.

Martin Greif

Zwirnen

Hat man zwei Fadenspulen gefüllt, so werden sie zu einem starken Faden zusammengezwirnt. Dabei drehen wir die Spule, auf die der Doppelfaden gewickelt werden soll, *gegen den Uhrzeigersinn.*
Wird gesponnenes Garn einfädig, also ungezwirnt, verwendet, kann sich das daraus gefertigte textile Werkstück zum Teil erheblich nach einer Richtung hin verziehen, besonders nach mehrmaligem Waschen. Dieses Phänomen lässt sich z.B. bei Baumwoll-T-Shirts von minderer Qualität beobachten: Die linke Seitennaht dreht sich nach vorne, die rechte nach hinten.
Fäden kann man auch mit einem Steingewicht zwirnen: Ein fest gesponnener Faden wird von der Spule abgerollt und auf der Hälfte seiner Gesamtlänge halbiert. Indem man den Fadenanfang nun wieder in die Hand zurücknimmt, hängt man in die Halbierungsstelle ein Steingewicht, eine Schere oder einen anderen schweren Gegenstand ein, lässt ihn los und beobachtet, wie sich der Doppelfaden in schneller Drehung verzwirnt. Sehr starke Schnüre entstehen, mit denen die Kinder fantasievoll spielen.

Strangwickeln

Das Strangwickeln ist die einfachste und zugleich schonendste Methode, das gezwirnte Wollgarn für die Weiterverarbeitung zu verwahren.
Man wickelt das Garn über Hand und Ellenbogen und markiert das Fadenende mit einem andersfarbigen Fädchen, damit es später leichter wiederzufinden ist. Kinder, die schon einen Mengenbegriff haben, zählen übrigens beim Abwickeln des Fadens von der Spule auf den Ellenbogen gern, wie viele «Ellen» der Faden lang ist.
Der Strang wird an vier Stellen locker gebunden und hält auf diese Weise gut zusammen.

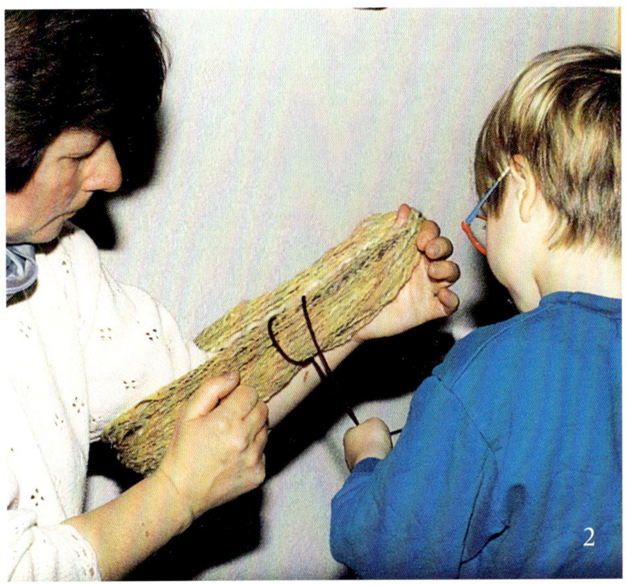

1: Fäden zwirnen mit Steingewicht.

2: Vor dem Waschen wird der Strang an vier Stellen locker zusammengebunden.

Wenn Kinder die Wolle so sanft waschen, als ob sie ein Baby baden würden, bleibt sie weich und locker.

Wird das gesponnene Wollgarn bald verarbeitet, kann es gleich zu einem Knäuel gerollt werden.

Waschen des Wollgarns

Wolle sollte so behutsam wie ein Lebewesen behandelt und ohne Temperaturschocks gewaschen werden. Die Kinder tun dies mit besonderer Vorsicht, wenn man ihnen sagt, dass die Wolle «wie ein Baby gebadet wird». Man nimmt gut handwarmes Wasser, legt die Wollstränge hinein und bewegt sie vorsichtig hin und her. Das Garn wird zum Abtropfen aufgehängt. Waschmittel sollten möglichst nicht verwendet werden, da sie den natürlichen Fettgehalt der Wolle reduzieren.
Der Trockenprozess lässt sich beschleunigen, indem man das Garn in Handtücher einrollt, leicht drückt und anschließend luftig und locker trocknen lässt. Nie in praller Sonne, bei Frost oder anderen extremen Bedingungen trocknen! Oftmals drehen und wenden, damit die Feuchtigkeit überall entweichen kann!

Lagern und Weiterverarbeiten des Wollgarns

Die Wolle wird in trockenem Zustand luftig und möglichst in Strängen hängend aufbewahrt. Sie bedarf gelegentlich der liebevollen Aufmerksamkeit, sollte immer wieder einmal bewegt und mit Kräutersäckchen versorgt werden, die die Motten abschrecken und der Wolle einen guten Duft verleihen. Lavendel und Zedernöl sind gut als Mottenschutz geeignet.
Bevor die Strangwolle zu einem Werkstück weiterverarbeitet wird, wickelt man sie zu handlichen Knäueln.

Fingerhäkeln

Das Fingerhäkeln ist für die Kinder die einfachste Möglichkeit, mit der relativ groben und ungleichmäßigen, selbst gesponnenen Fadenwolle etwas zu gestalten. Sie häkeln sehr lange und ausgesprochen starke «Leinen» und verwenden sie als Pferdeleinen, zum Festbinden von Gegenständen und zum Abgrenzen ihrer Spielbereiche.
Die Technik des Fingerhäkelns geht aus der folgenden Arbeitsanleitung hervor:

A

B

A, B, C, D = Anleitung zur Grundschleife

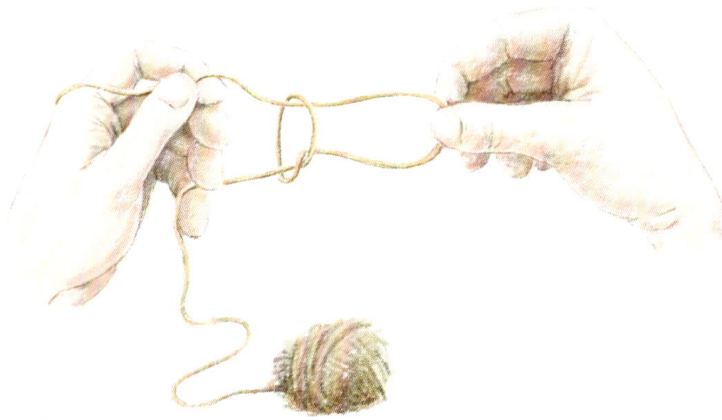

C

D Festziehen

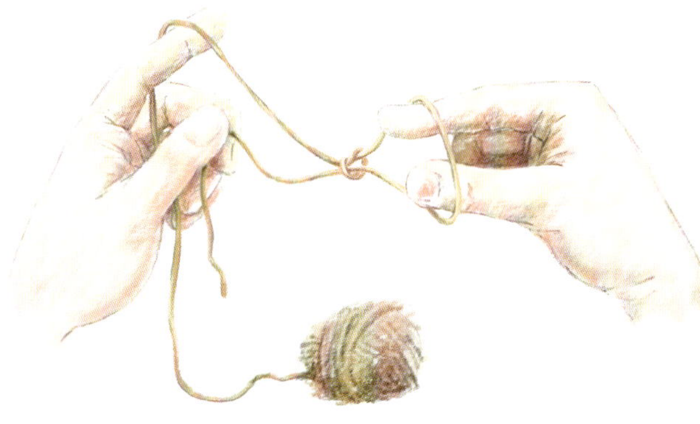

E

F

E und F beliebig oft wiederholen.

Fadenlauf:

A, B, C, D

E, F

Webrahmen – aus beschnitzten, fein geschliffenen Asthölzern gebaut, an den Enden genagelt und mit starkem Garn verbunden, mit Baumwollkettgarn bespannt und mit pflanzengefärbter Schafwolle bewebt.

Weben

Beim Weben gibt es so viele Möglichkeiten, dass es sich ausgesprochen gut zum differenzierten Arbeiten in einer Kindergruppe eignet. Fast alle Kinder ab etwa fünf Jahren beteiligen sich gerne, wenn man ihnen je nach feinmotorischer Entwicklung und Konzentrationsvermögen unterschiedliche Webgeräte und Garne in verschiedenen Stärken zur Verfügung stellt. Die nach Schwierigkeitsgraden differenzierte Arbeit sollte sich jeweils an einem überschaubaren und abgegrenzten Ort vollziehen, da sonst zu leicht Chaos entsteht.

Stöckchen-Tischwebgerät oder Stabwebgerät

Das Stöckchen-Tischwebgerät, auch Stabwebgerät genannt, besteht aus einer 50 cm langen Grundleiste, die mit zwei Schraubzwingen an der Tischkante befestigt wird. In 26 Bohrungen von je 10,5 mm Durchmesser stecken 135 mm lange Rundholzstäbchen, die einen

Durchmesser von 10 mm haben. Die Bohrtiefe beträgt 15 mm. Jedes Stäbchen wird 17 mm über dem einen Ende mit einer 3-mm-Querbohrung versehen, durch die der Kettfaden gezogen wird.

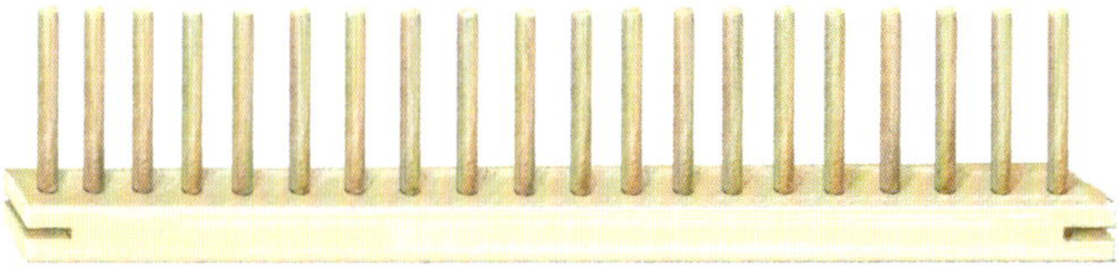

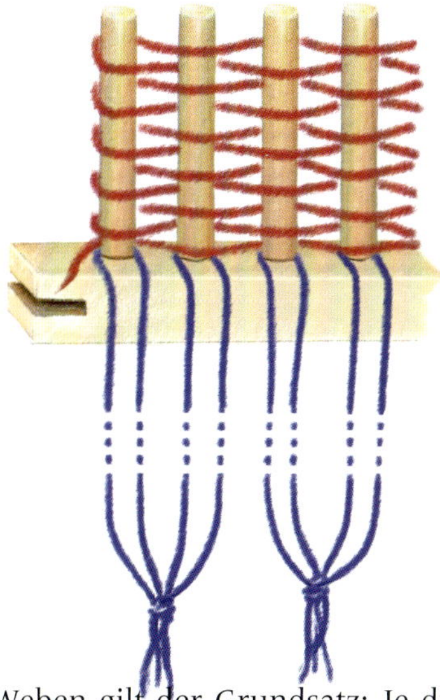

Man steckt die Hölzchen in die Bohrungen der Grundleiste, verknotet je zwei Kettfadenpaare miteinander und beginnt zu weben. Das rhythmisch geordnete Hin- und Herführen des Webfadens ist hier für die Kinder in sehr übersichtlicher Weise zu handhaben.

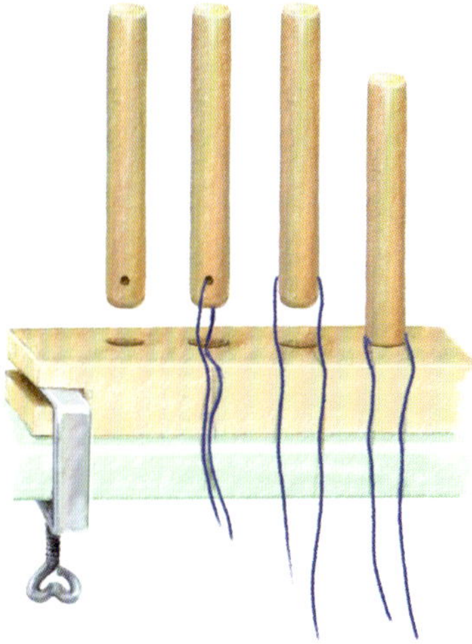

Für das Weben gilt der Grundsatz: Je dicker der Webfaden ist, desto weniger wird der «Geduldsfaden» der Kleinen strapaziert.

Stöckchenwebgeräte lassen sich einfach und kostengünstig – z.B. im Rahmen der Elternmitarbeit – selbst herstellen. Unbedingt empfehlenswert ist allerdings die Verwendung von Hartholz, z.B. von Buche. Weichhölzer wie Fichte und Kiefer splittern zu leicht, lassen sich schlecht schmirgeln und bleiben nicht ausreichend formstabil.

Hat man die Rundholzstäbe in voller Länge bewebt, wird das Webgut vorsichtig auf die Kettfäden geschoben, die Hölzchen werden der Reihe nach wieder in die Grundleiste zurückgesteckt, und man kann weiterweben.

Der Vorteil dieser Methode liegt darin, dass beliebig lange Webstücke gefertigt werden können, die man als Teppiche, Sitzkissen usw. benutzen kann. Die dicke, handgesponnene und gezwirnte Wolle eignet sich hierfür besonders gut. Wird hingegen zu feines Webgarn gewählt, kann die Webarbeit leicht zu locker werden. Bei dünnem Garn sehen die Kinder zu wenig Fortschritt bei der Arbeit.

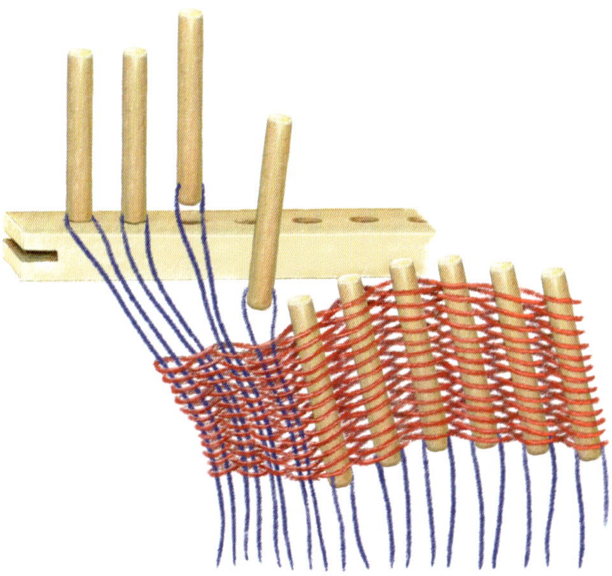

Die mit Stockspindeln gesponnenen Fäden lassen sich leicht mit den Stabwebgeräten weiterverarbeiten.

Sehr lange Werkstücke können mit Stöckchenwebgeräten entstehen: Hier wird ein 2 m langer Teppich gefertigt. Viele Hände schieben paarweise – von beiden Seiten zugleich – die bereits gewebten Streifen zum unteren Ende hin und machen den Teppich dicht, fest und warm.

Zum Weben mit den Stabwebgeräten gibt es einen begleitenden Spruch: «Hin und her, das ist nicht schwer.»

Der Pappwebrahmen

Der Webrahmen aus Pappe ist in unserem Zusammenhang noch besonders zu erwähnen, weil er ganz individuell für die Fingerfertigkeit jedes Kindes gestaltet werden kann. Wenn man Pappe aus Altpapier, beispielsweise die Rückseite abgelaufener Kalender, verwendet, kostet dieses Webwerkzeug nichts, belastet also keinen Etat.

Die Pappe wird oben und unten 2 cm weit eingeschnitten, wobei die gewünschte Anzahl und der Abstand der Kettfäden variabel sind. Man kann die Kettfäden so stark spannen, dass sich die Pappe leicht wölbt und ein besonders handlicher Hohlraum zum Weben entsteht.

Webrahmen aus Astholz

Webrahmen aus Astholz sägen, raspeln, schmirgeln und nageln die Kinder gerne selbst.

Man verwendet ca. 2 cm starke und beliebig lange Rundholzabschnitte, die möglichst vorgetrocknet aus einem bestehenden Vorrat genommen werden. Bei frischem, nassem Holz können die Eckverbindungen schrumpfen, sodass der Rahmen in sich keinen stabilen Halt mehr hat.

Man sägt zwei lange und zwei kurze Aststücke zurecht, raspelt Vertiefungen an den Enden und schmirgelt alle Teile gut. Die vorbereiteten Hölzer werden an den Vertiefungen ineinandergefügt und mit Nägeln fixiert. Alle Eckverbindungen werden nun sorgfältig mit sehr starkem Garn stabilisiert.

Für die Kettfäden sollten entweder kleine Kerben eingesägt oder an den kurzen sich gegenüberliegenden Rahmenhölzern feine Bohrungen vorgenommen werden, durch die man die Kettfäden zieht.

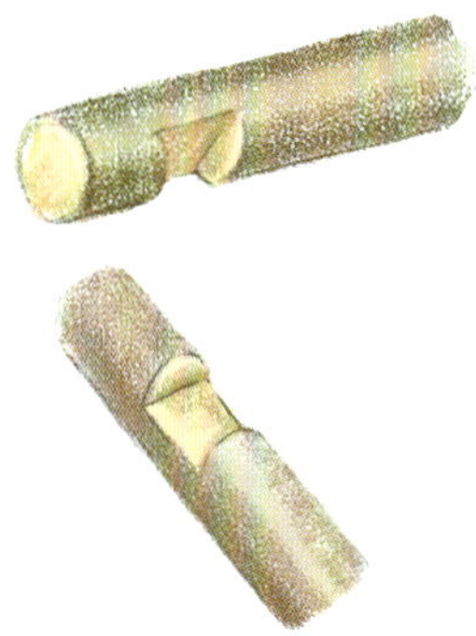

∧
Kerbt man die Kreuzungsstellen der Webrahmenhölzer auf diese Weise ein, entstehen sehr stabile Verbindungen. Hierbei brauchen Kinder Hilfe.

< *Pappwebrahmen sind leicht herzustellen und schnell zu beweben. Wölbt sich die Pappe durch das Spannen der Kettfäden leicht, entsteht ein «Handlungsfreiraum», der den Kindern die Arbeit erleichtert.*

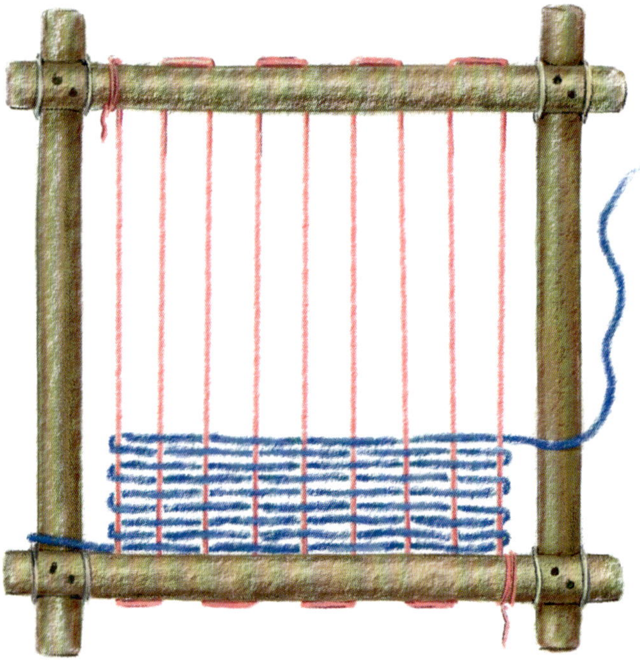

Die Kreuzungsstellen des Rundholzwebrahmens werden mit Nägelchen und Garn zusammengefügt. Die Kettfäden führt man am besten durch feine Bohrungen.

Weben mit der Webkarte

Mit dieser Methode können Gürtel, Haarbänder, Schlüsselanhänger oder Lesezeichen gewebt werden.

- Die Webkarte wird in Originalgröße auf starker Pappe aufgezeichnet und ausgeschnitten (siehe die Vorlage auf Seite 51).
- Kettfäden in gewünschter Länge des Werkstückes einziehen und an beiden Enden 10 – 15 cm Längenzugabe lassen.
- Die Enden der Kettfäden verknoten und ein Ende an einen Haken, an den Türgriff oder Ähnliches hängen. Das andere Ende mit einer Schnur am Körper befestigen.
- Die Webkarte heraufziehen, mit dem Schiffchen (das auch aus Pappe geschnitten wurde) weben, dann die Webkarte herunterdrücken und wieder mit dem Schiffchen den Webfaden hindurchleiten – und so immer im Wechsel …

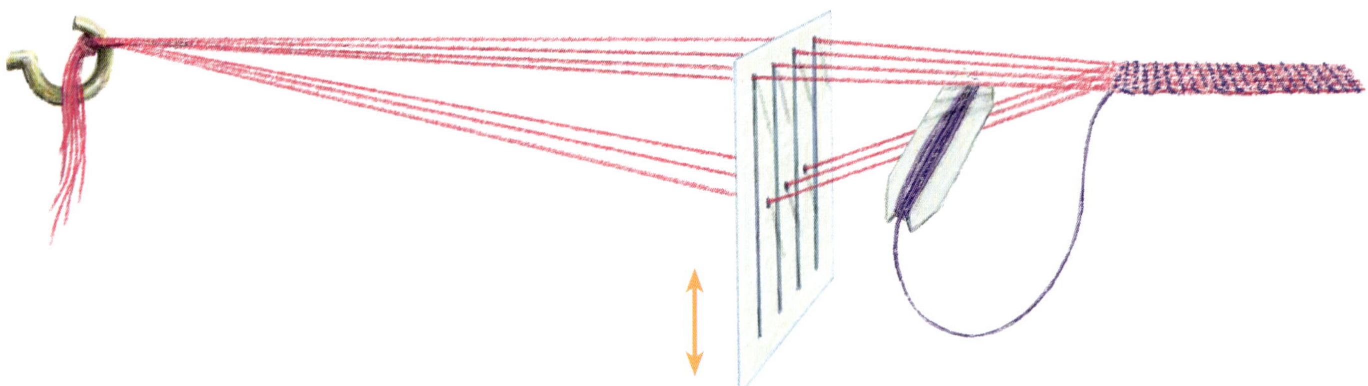

Am rechten Ende wird das Webband mit dem Körper verbunden. Die Kettfadenspannung wird also unmittelbar mit dem Körper erzeugt – eine gute Hilfe, um «bei der Sache» zu bleiben.

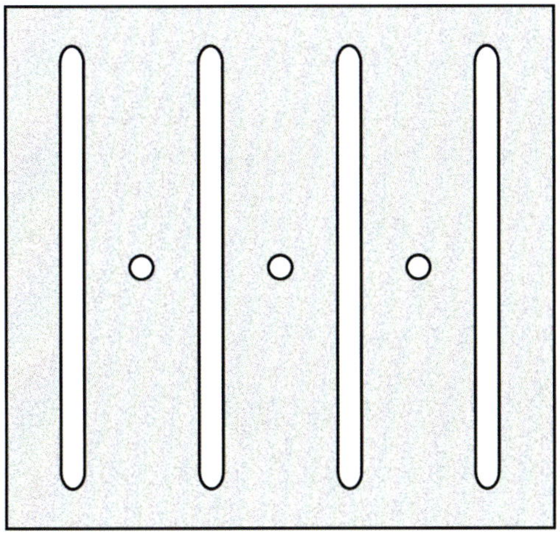

Webkarte in Originalgröße auf feste Pappe übertragen. Durch drei Löcher und vier Schlitze zieht man die Kettfäden. Passend dazu kann auch das Webschiffchen, auf dem das Webgarn aufgewickelt wird, aus Pappe geschnitten werden (siehe die Zeichnung Seite 50 unten).

Weben mit der Webkarte – eine gute Voraussetzung zum Verstehen des Webstuhls wird gegeben.

Weitere Webrahmen und Webmöglichkeiten

Webrahmen und Webmöglichkeiten gibt es in unendlich vielen Versionen und Materialien.
Auf dem «Schulwebrahmen» (siehe Foto Seite 52) lassen sich feine Webstücke mit Mustern erstellen, die erhöhte Anforderungen hinsichtlich Differenzierungsvermögen, Ausdauer und Geschicklichkeit stellen.
Der Fantasie sind keine Grenzen gesetzt, neue Methoden zu entwickeln. Anregungen findet man bei den Techniken naturnah lebender Völker, die mit dem Handwerk noch wesentlich stärker verbunden sind.
In unserer Gesellschaft leben heute Menschen aus aller Herren Länder, die uns ihre Kinder in Kindergärten und Schulen anvertrauen. Sie zeigen oftmals große Bereitschaft zu erzählen, wie die nachwachsende Generation

Hier zeigt ein junger Webermeister auf einem Handwerkermarkt in der Gummersbacher Waldorfschule sein Können mit dem Webstuhl.

Weben mit dem Schulwebrahmen. Dieses Mädchen ist sieben Jahre alt, aber eines steht fest: Weberin will sie werden, wenn sie groß ist.

Geschäftiges Treiben: Besonders groß ist die Motivation zum Weben, wenn man zuvor an der Werkbank gesägt, geschliffen, gebohrt und gehämmert hat, um sich selbst den eigenen Webrahmen zu bauen.

in ihren Herkunftsländern an Handwerk und Kultur herangeführt wird. Fragen wir danach!
Im Übrigen lassen sich bei Besuchen in Heimat- und Völkerkundemuseen eine Menge Anregungen finden.

Der fein geschliffene und angespitzte «Strickstock» bekommt am oberen Ende eine Holzperle, damit später die Maschen nicht abrutschen.

Stricken

Kinder ab sechs Jahren lernen gerne stricken, sofern sie schon über genügend Geschicklichkeit verfügen. Auf jeden Fall sollten dicke Nadeln, am besten aus Astholz, sowie kräftiges Garn – evtl. das handgesponnene – verwendet werden.
Für die *Strickstöckchen* nehmen wir 5 bis 7 mm dicke und ca. 20 cm lange Asthölzchen, z.B. vom Haselstrauch. Diese werden vorne einfach mit dem Bleistiftspitzer angespitzt und dann auf ganzer Länge fein geschmirgelt. Am Ende wird eine dicke Holzperle oder ein Korkstück fest aufgesetzt oder angeleimt, damit die Maschen nicht nach rückwärts abrutschen können.
Um den Kindern das Strickenlernen zu erleichtern, sollten Erwachsene die ersten Reihen stricken, damit von vornherein ein guter Halt des Strickstückes gegeben ist.
Aus der selbst gewonnenen Fadenwolle können unter anderem vielerlei Tiere gestrickt werden. Stellt man sie im Beisein der Kinder her, so werden sie erfahrungsgemäß liebevoll behandelt, gehegt und gepflegt.

Geht ein Bauer durch

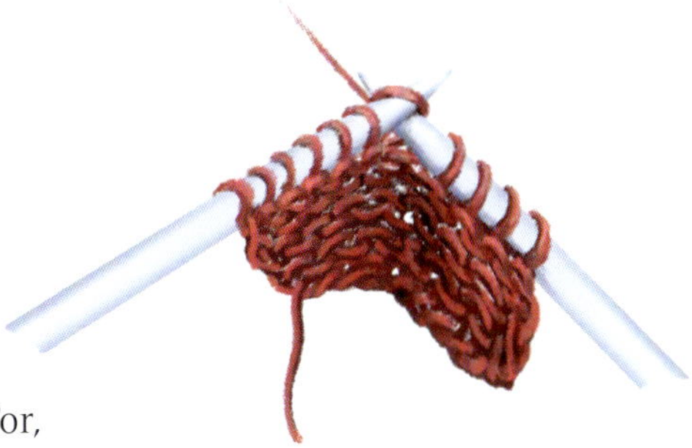

das Tor,

holt ein Schaf sich hervor

und schließt dann wieder zu das Tor.

Jedem Kind würde man ein solches Schmuseschäfchen wünschen, das nach der Arbeitsanleitung von Seite 54 gestrickt und mit kardierter Schafwolle ausgestopft wurde.

Auch die ältesten Kinder des Kindergartens spielen liebevoll mit den selbst hergestellten Tieren des Bauernhofs.

Schafmuster

Dem Schnittmuster entsprechend (siehe unten) die einzelnen Teile anfertigen – stricken, häkeln oder aus einem nicht zu weichen Stoff ausschneiden. (Eventuell auf das Schnauzenstück verzichten; das muss beim Zusammennähen und Ausstopfen des Kopfes ausprobiert werden.) Die Ohrteile können jeweils mit Seide abgefüttert werden. Den Schwanz aus einem etwa 6 – 8 cm langen Stück gedrehter Wollkordel fertigen.
Beim Ausstopfen der Beine darauf achten, dass die Wolle zum Ausstopfen nicht direkt am Bauch endet; die Beine knicken sonst zu schnell ab.
Einige Stiche mit einer langen Nadel hin und her durch den Bauch und vom Kopf zum Schwanz können helfen, dass das Schaf in der Form bleibt. Als Augen eignen sich sehr gut Holzknöpfe.

Bauchhälfte

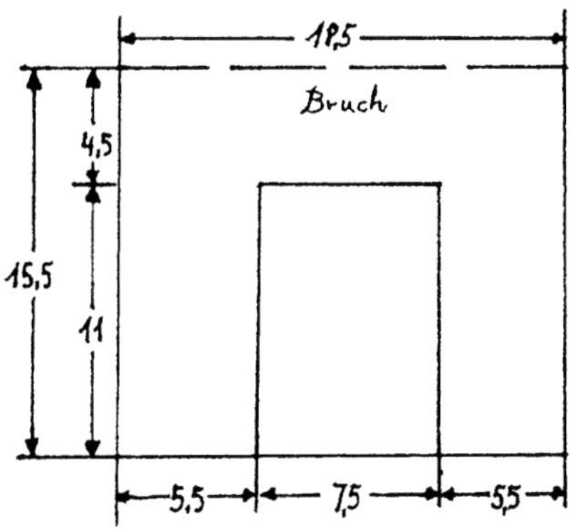

Rückenhälfte

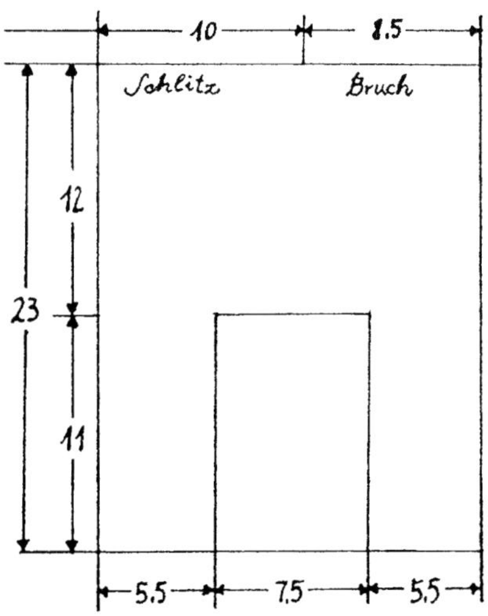

Kopfhälfte

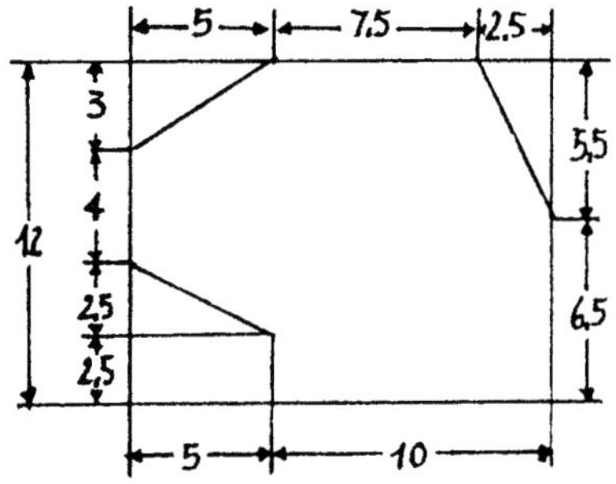

Kopfdeckel

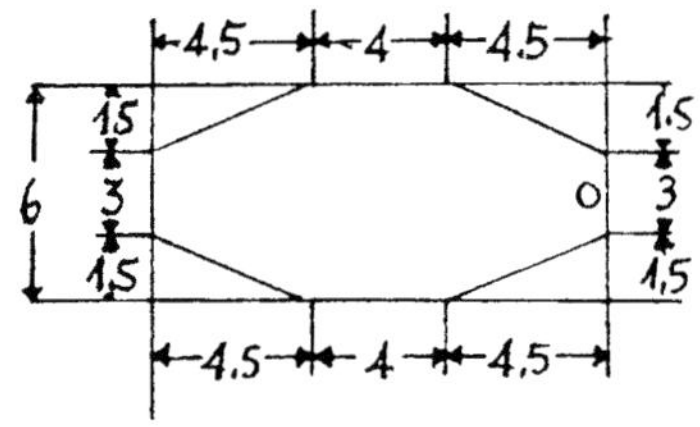

Schnauze

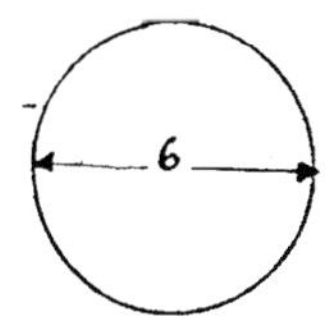

Ohr

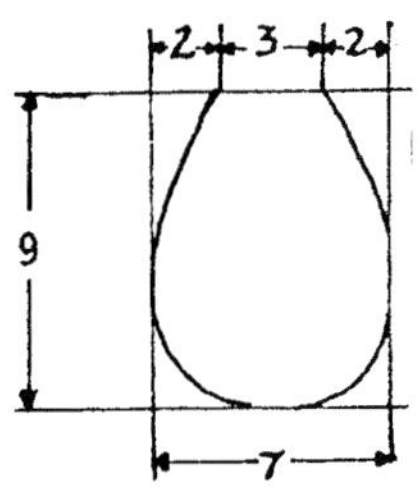

Filzen

Das Filzen von Wolle ist eine der ältesten Techniken in der Textilherstellung und in vielen Ländern rund um den Erdball bekannt. Schneller als durch Spinnen und Weben, Häkeln oder Stricken wird Stoff hergestellt.
Filzen kann jeder, nur Geduld ist eine Voraussetzung für gutes Gelingen. Es ist also ein Vorgang, der die Ausdauer schult. Besonders Kinder von vier bis fünf Jahren an lieben es, mit Seifenlauge und Wolle zu matschen.
Schon das Trockenfilzen von Schafwolle weckt das Interesse bei den Kleinsten. Denn aus der Wolle, die beim Spaziergang vom Drahtzaun gepflückt und immer wieder mit der Hand angefasst und gedreht wird, entwickelt sich durch die nassen, verschwitzten Hände der Kinder bald schon ein kleiner Wollklumpen, der sehr fest zusammenhängt. Daraus lässt sich gut ableiten, dass noch mehr schöne Sachen aus Wolle gefilzt werden können, wenn zusätzlich farbiges Werkmaterial und Seifenlauge verwendet werden.

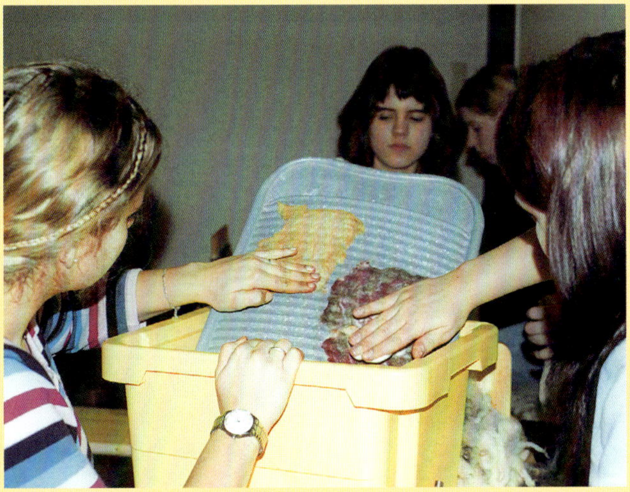

Erste Versuche, aus Rohwolle mit heißer Seifenlauge Filz herzustellen.

Mit Kindern filzt man nur kleine Gegenstände wie Bälle, Perlen und Freundschaftsbänder, da verhältnismäßig schnell ein Erfolg zu sehen ist. Große, flächige Stücke sollten den Erwachsenen vorbehalten bleiben, da nur sie die hierfür notwendige Kraft besitzen.

Wir filzen einen Ball

Aus roher Schafwolle wird ein kleiner Kern recht fest zusammengelegt. Diesen umwickeln wir mit einer gleichmäßigen Schicht kardierter Wolle. Dabei ziehen wir das Kardenband immer breitflächig auseinander und achten darauf, dass wir es beim Wickeln nicht verdrehen. Als letzte dünne Schicht wird farbige Wolle aufgebracht. Hierbei achten wir wieder darauf, dass die Fasern nicht zu klumpig liegen; an diesen Stellen würde sich die Wolle sonst schlecht verbinden. Die Wollkugel sollte auch nicht zu groß sein, sondern gut in Kinderhände passen.
Im trockenen Zustand rollen wir nun den Ball, bis die Haarspitzen anfangen, sich ineinander zu verhaken. Daraufhin werden beide Hände in Seifenlauge (1 Esslöffel Schmierseife auf 1 Liter Wasser) nass gemacht und der Ball in der Handfläche gedreht.
Abwechselnd machen wir die Hände nass und drehen den Ball. Immer achten wir darauf, dass die Wolle nicht an den Händen kleben bleibt. Dies geschieht, wenn zu wenig Seifenlauge verwendet wird.
Am Anfang die Kugel nur drehen, nicht drücken. Mit der Zeit durchtränkt die Seifenlauge den ganzen Ball, und wenn die Außenschicht fester geworden ist, kann etwas mehr Druck ausgeübt werden. Der Ball kann dann auch einmal ganz in die 40 bis 50 °C heiße Seifenlauge getaucht werden. Immer weiter arbeiten, niemals die Geduld verlieren. Filz gelingt nur, wenn man mit Ausdauer bei der Sache bleibt.
Jetzt können die Wollkugeln auch auf einem Frottiertuch auf dem Tisch fest gedreht werden. So können Kinder mehr Kraft auf ihr Werkstück ausüben, und die Kugel ist am Ende ganz fest. Sie wird dann nur noch in kaltem, klarem Wasser ausgewaschen.
Soll die Kugel beim Spiel klingen, so wird in die Mitte eine Walnussschale eingefilzt, die einige kleine Steinchen enthält.
Als Variation der Kugel könnte auch ein Apfel gefilzt werden. Dazu wählt man für die bunte Außenschicht die Farbe eines Apfels. Um der Kugel die typische Form eines Apfels zu geben, muss sie mit einem starken Faden, der durch die Mitte genäht wird, ganz fest zusammengezogen werden. Am Schluss einen kleinen Stiel und ein Blättchen annähen – fertig ist der Apfel.

Kleine Kugeln oder Bälle auf feste Fäden aufgezogen ergeben wunderschöne Ketten. Dazu passen Freundschaftsbänder in den gleichen Farben.

Freundschaftsbänder

Von kardierter Wolle nimmt man ein Band, das ca. 30 cm lang und nicht zu dick ist (zusammengedrückt ca. 1 cm). Dieses Band wird nun in den mit Seifenlauge angefeuchteten Händen hin- und hergerollt. Die Wolle soll dabei zu einer festen Wurst verarbeitet werden, sodass sich am Schluss keine Fasern mehr herausziehen lassen. Beim Zusammenknoten kann die Länge des Bandes durch weitere Knoten reguliert werden.
Nicht nur einfarbige Bänder lassen sich auf die Weise herstellen; der Fantasie sind keine Grenzen gesetzt. Wenn z.B. zwei- oder dreifarbige Bänder zusammengefilzt werden oder diese Bänder vor dem Filzen noch geknotet oder geflochten werden, entstehen einzigartige Schmuckstücke.

Marianne Frielingsdorf,
Natur- und Museumspädagogin,
Lindlar

Stricken mit Filzwollgarn

Von manchen Schafrassen, wie z.B. den Bergschafen, kann man stark filzendes Wollgarn gewinnen. Hier wird es mit einer Doppelstrickgabel zu einer dicken, runden Schnur zunächst gestrickt und später gefilzt. Das hier abgebildete Mädchen gestaltet ein «Freundschaftsband für den Hund», eine starke, bunte Hundeleine. Sie wird diesem Kind helfen, Angst und Scheu vor dem Hund zu überwinden. Schließlich ist die Leine eine Verbindung zwischen Mensch und Tier.

Fingerstricken. Ein Sitzkissen mit Filzstrickschnur

Fingerstricken und das Arbeiten mit einfachen und doppelten Strickgabeln, Stricklieseln oder Strickleisten sind besonders für Anfänger geeignet, um sich im textilen Gestalten zu erproben und weiterzuentwickeln. Die Garnstärke muss den Arbeitsgeräten und dem Verwendungszweck des Werkstücks angemessen werden, und die Farben mögen das kindliche Seelenauge erquicken. Eine so hergestellte Strickschnur kann vielfältig verwendet werden – beispielsweise als Stütze für das Blumenbeet (Foto rechts). Oder sie kann in einem Flächenfilz eingearbeitet werden, wie die Fotos unten und auf Seite 58 illustrieren. So kann man z.B. ein schönes Sitzkissen gestalten.

1: Auf mehreren Lagen Bergschafwolle wird die Strickschnur aufgelegt und mit Filznadeln auf einem Schaumstoffuntergrund vorgefilzt.

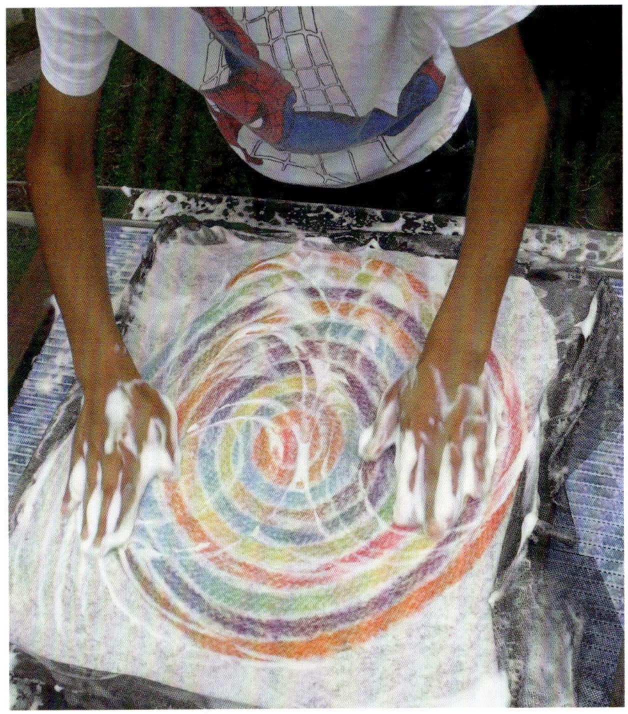

2: Das vorgefertigte Sitzkissen wird nun mit Gittergaze (Fliegennetz oder alte Gardine) belegt und vorsichtig mit Seifenlauge vorgewalkt, bis sich die Filzstrickschnur mit der Bergschafwolle verbunden hat. Auch hier bitte Geduld haben.

3: Dann immer wieder mit heißem Wasser begießen, mit Gaze aufrollen, zusammenbinden und ausdauernd kräftig durchwalken.

4: Bemerkt man, dass der Flächenfilz schrumpft, so löst man die Rolle auf, entfernt das Gitter, dreht die Fläche um 90 Grad und wiederholt den Arbeitsvorgang.

5: Schließlich wird die Restseife in klarem Wasser ausgewaschen.

6: Das Gemeinschaftswerk erstrahlt in prächtiger Farbenfrische.

Gestalten mit Märchenwolle

Wolle, die gereinigt, gefärbt und fein kardiert ist, wird oft als Märchenwolle bezeichnet. Unter diesem Begriff ist sie auch im Fachhandel erhältlich. Zu bevorzugen ist jedoch, den Weg der Wolle vom Schaf bis zur sauberen, feinen farbigen Wolle mit den Kindern gemeinsam zu erarbeiten.

Das *Reinigen und Trocknen* der Rohwolle haben wir bereits beschrieben. Zu beachten ist jetzt allerdings, dass die Wolle ganz besonders rein wird. Die Abfolge von Einweichen in Regen- oder Brunnenwasser (sofern vorhanden), kräftigem Durchstampfen, Trocknen und Auseinanderziehen der Wolle wird fünf- bis zehnmal wiederholt und kann ein bis drei Wochen dauern.

Dann kann das *Färben* erfolgen. (Der Färbevorgang ist sehr elementar in Bd. I, Mai-Kapitel, beschrieben.) Prinzipiell geht man genauso vor wie beim Färben von Seide oder Baumwolle. Man tut jedoch gut daran, mit höheren Temperaturen und längerer Einwirkdauer der Beize und des Farbsudes zu arbeiten. Wolle kann sogar in der Färbelösung gekocht werden, wenn sie noch nicht kardiert ist. Bitte experimentieren Sie mit den Kindern gemeinsam. (Eine Farbtabelle für färbende Pflanzen finden Sie in Bd. I, wie auch Hinweise auf das vorbereitende Beizen.)

Jetzt, im Winter, kann man natürlich keine Färbepflanzen aus der Natur ernten, sondern ist auf einen im Frühsommer angelegten Vorrat an Färbepflanzen angewiesen. (Notfalls können färbende Pflanzen in getrockneter Form in der Drogerie oder der Apotheke gekauft werden.) Für die Winterzeit empfiehlt sich besonders ein Färbesud aus Zwiebelschalen. Eine Besonderheit: Verwendet man rote Zwiebelschalen in Verbindung mit Alaunbeize, so entsteht – o Wunder! – ein kräftiges Grün. Nach dem Beizen, Spülen, Färben und Trocknen wird die Wolle so oft kardiert, bis sie «märchenhaft» weich und locker ist.

Nun kann die farbige Wolle zu vielerlei Zwecken genutzt werden:

- zum Fühlen und Schauen; in diesem Zusammenhang ist sie besonders für die kleinen Kinder geeignet

Pflanzengefärbte kardierte Wollvliese.

Diese Märchenfiguren aus ungesponnener gefärbter Schafwolle gehören zu einem Puppenspiel der Märchenbühne Cornelia Büsch.

- zum Gestalten von bunten Wollebildern oder Wandteppichen, die als Untergrund eine Filz- oder Juteunterlage bekommen. Dieses Arbeiten ist für Menschen zwischen vier und hundert Jahren als künstlerisch-handwerkliche Ausdrucksform sehr geeignet, speziell im Rahmen der generationsübergreifenden Arbeit.
- zum Filzen, wie im vorangehenden Abschnitt beschrieben
- zum Formen von vielfältigen Menschen- und Tiergestalten, mit oder ohne biegsames «Skelett», zum Kuscheln und Liebhaben, für Puppenhaus oder Spielbauernhof oder, in vollendetster Erscheinung, als «Schauspieler» für Märchen-Puppenspiele.

Es handelt sich beim Gestalten mit Märchenwolle um ein so weites und vielseitiges Feld, dass man zu jedem genannten Thema auf sehr anregende und mutmachende Fachliteratur zurückgreifen kann. Sie ist im folgenden Literaturverzeichnis aufgeführt.

Diese einfachen Wickelpüppchen aus Märchenwolle stellten Schülerinnen der Fachschule für Sozialpädagogik Gummersbach in unserer Wollwerkstatt her …

Freie Spielanlässe

Freie Spielanlässe ergeben sich in der Wollwerkstatt auf unterschiedliche Art und Weise. Immer wieder assoziieren die Kinder «Wolle» und «Frau Holle». Wolle wird zu «Schneeflocken» verwandelt, die durch die Luft schweben. Oder man deckt sich von Kopf bis Fuß mit Wollvliesen zu und hält «Winterschlaf» wie die Pflanzen unter der Schneedecke. Am ganzen Leib lässt sich so die besondere, wohlig-warme Wollqualität erleben.
Manche Kinder lassen sich in den Wollekorb oder auf einen Berg Wollvliese fallen. Dort lebt es sich behaglich, und man fühlt sich geborgen und durchwärmt.
Ein sechsjähriges Mädchen, das bei frostigen Außentemperaturen nur mit Synthetikleggings, einem Baumwoll-Sweatshirt und dünnen Söckchen bekleidet war, erklärte uns nach der ersten Stunde Arbeit in der Wollwerkstatt, sie habe zum ersten Mal in ihrem Leben warme Hände.

... und ihre eigenhändig erbauten «Bio-Häuser» erfüllten sich mit märchenhaftem Leben.

Erzählstoff

Erzählen wir den Kindern Märchen und Geschichten, die zum praktischen Arbeiten passen, so ist das eine zusätzliche Dimension für das Erleben. In besonderer Weise wird die seelische Ebene des Kindes angesprochen. Bei den Brüdern Grimm finden wir folgende Märchen, die besonders gut zum Thema «Wollwerkstatt» passen:

- Die Schlickerlinge
- Spindel, Weberschiffchen und Nadel
- Frau Holle
- Die drei Spinnerinnen

Aus Erfahrung sei angemerkt, dass die Kinder die Märchen mindestens dreimal, lieber aber noch öfter hören möchten; dann können sie sich intensiv in die Stimmung des Märchens hineinleben und sich mit ihm verbinden.

Der Beginn einer Erzählkultur

Das kann der Anfang zu einem kleinen Stück Friedenserziehung sein: Märchen hören, sie in ihrer Bildsprache wahrnehmen, sie verinnerlichen, selbst spielen und dann erzählen.
Die Kunst des Erzählens und Zuhörens beginnt leider nicht mehr selbstverständlich in früher Kindheit, zu Hause in der Familie. Es ist eine glückliche Gegebenheit, wenn Kinder daran gewöhnt sind, dass jedes Famlienmitglied etwas von den Tageserlebnissen berichtet und aufmerksame, mitfühlende Zuhörer findet.
Kinder finden Zugang zu gelebter Gesprächskutlur, wenn sie beides erleben, Zuhören und Erzählen. «Die Genesung der Seelen wird vollbracht durch den Gebrauch eines gewissen Zaubers. Und dieser Zauber sind angemessene Worte im Gespräch.» (Sokrates)
Möge es ein Mittel zur Vorbeugung gegen Gewalt und Seelenkälte im Zeitgeschehen sein!
Ein Medium zur Förderung der Gesprächskultur in Schulklassen, Kindergruppen, Familienzentren, Ferieneinrichtungen usw. kann das Herrichten eines *Erzählstuhls* sein (siehe Seite 62 f.), um eine vertrauensvolle Atmosphäre für freies Sprechen und aufmerksames Zuhören zu schaffen. Oberstes Gebot, um auf ihm Platz zu nehmen, ist die Freiwilligkeit. Für viele Kinder, aber auch für manche Erwachsene ist es die reinste Mutprobe, sich vor anderen frei zu äußern. Übung macht den Meister!

Filzkissen für den Erzählstuhl

Hier ein Beispiel, wie wir unseren Erzählstuhl in der Natur-Kinder-Garten-Werkstatt ausstaffierten.
Ein Freund fand den Stuhl im Schrottcontainer, den er entsorgen sollte, und brachte ihn zu uns – etwas verbeult, mit abgeblätterten Farbschichten. Aber eine besondere Atmosphäre umgab ihn, und so schmirgelten wir ihn sorgfältig ab und gaben ihm eine neue Farbe.
Wir beschlossen, ihm Filzkissen zu fertigen, die in einer Kombination von *Nadel- und Nomadenfilztechnik* entstehen sollten. Wir wollten dabei auf den Einsatz von

Seifen völlig verzichten, da zwei Teilnehmer unserer Feriengruppe eine Allergie an den Händen hatten. Die Arbeitsgruppe setzte sich interkulturell zusammen und so wurden zwei Märchenmotive für die Filzkissen ausgewählt: Aladins Wunderlampe und eine Krone.
Die folgenden Fotos (Seite 62-64) zeigen die Arbeitsschritte beim Herstellen der Filzkissen.

1: Der Ofen wird angeheizt, ca. 30 Liter Wasser werden herbeigeholt und nach und nach erhitzt.

2: Auf Schaumstoff werden sieben Lagen Wolle (vom Bergschaf) geschichtet. Achtung: ein Drittel Größenzugabe einrechnen.

3: Aufbringen und Festnadeln des Motivs: Aladins Wunderlampe. Auf der Rückseite wird gleichzeitig ein Spiralmotiv vorgefilzt.

4: Nach dem Nadelfilzen und vor dem Nassfilzen mit sehr heißem Wasser in der mongolischen Nomadenfilztechnik sind die Kissen noch um ein Drittel zu groß.

5: Das Werkstück mit dem Tuch in Form bringen.

6: Auf ein Tuch legen und mit heißem Wasser benetzen, das mi einem kleinen Handbesen versprenkelt wird.

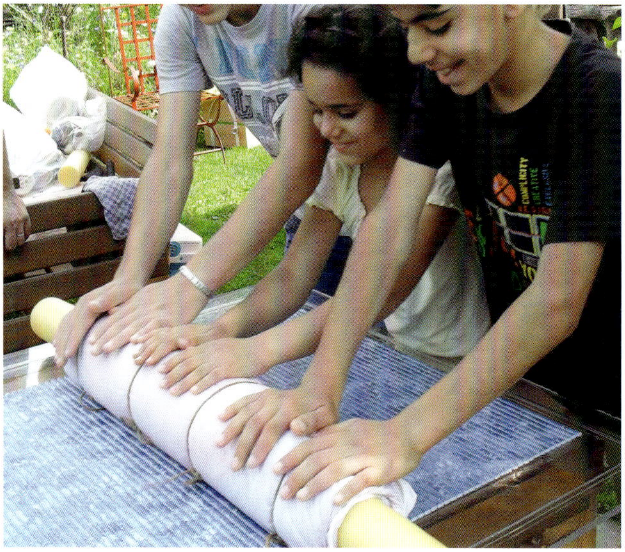

7: Das Ganze um einen Schaumstoffkern (z.B. eine Schwimmnudel) rollen und mit Schnüren umwickeln. Mit viel Geduld und Kraft walken. Die Rolle öffnen, das Werkstück um 90 Grad drehen, wieder ins Tuch packen, begießen, aufrollen, verschnüren und walken. So oft wiederholen, bis der Filz richtig fest ist und um ca. ein Drittel schrumpft.

8: Mit maßvollem Schlagen des Werkstücks wird die Arbeit beendet; das Kissen kann trocknen.

Weiterführende Literatur

Cordelia Böttcher, Peer Rugland, *Felix Nadelfein.* Verlag Urachhaus, Stuttgart 1995

Christel Dhom, *Mit Kindern filzen.* Verlag Freies Geistesleben, Stuttgart [5]2013

Silke Dümpelmann, *Fingerpuppen aus Filz,* Verlag Freies Geistesleben, Stuttgart 2007.

Monika und Jürgen Fergg, *Filz und Form. Spielerisches Gestalten mit Fläche, Ball und Schnur.* Paul Haupt Verlag, Bern 1999

Eva Jentschura, *Mit Pflanzen färben – ganz natürlich.* Verlag Freies Geistesleben, Stuttgart [2]2015.

Christiane Kutik, *Das Jahreszeitenbuch.* Verlag Freies Geistesleben, Stuttgart [12]2015

Irmgard Kutsch, Christian Tangemann, Brigitte Walden, *Die Wollwerkstatt. Geschichten von Olaf aus Windebüll.* Edition Lionardo

Karin Neuschütz, *Stofftiere zum Selbernähen.* Verlag Freies Geistesleben, Stuttgart [5]2016

Karin Neuschütz, *Filzen mit Nadel und Seife.* Verlag Freies Geistesleben, Stuttgart 2008

Martin Nowak, Gislinde Forkel, *Wolle vom Schaf.* Verlag Eugen Ulmer, Stuttgart 1989

Gunilla Pateau Sjöberg, *Filzen. Alte Traditionen – modernes Handwerk,* Paul Haupt Verlag, Bern 1997

Rotraud Reinhard, *Auf dem Bauernhof. Filzen für die ganze Familie.* Verlag Freies Geistesleben, Stuttgart [2]2016

Rotraud Reinhard, *Filzen von heimischen Tieren.* Verlag Freies Geistesleben, Stuttgart 2015

Dagmar Schmidt, Freya Jaffke, *Gestalten mit farbiger Wolle.* Verlag Freies Geistesleben, Stuttgart [7]2007

Angelika Wolk-Gerche, *Blumen, Schmuck und Accessoires aus Filz.* Verlag Freies Geistesleben, Stuttgart [5]2010

Angelika Wolk-Gerche, *Das große Buch der Märchenwolle. Herstellen – Verarbeiten – Gestalten.* Verlag Freies Geistesleben, Stuttgart 2010

Bezugsquellenverzeichnis

Wollknoll Sonja Fritz
Forsthausstraße 7, 74420 Oberrot-Neuhausen
www.wollknoll.de

Schafwollkämmerei Gerhard Eischer
Adlerstraße 1, 91580 Petersaurach
www.wollmeister.de

Die Wollfabrik Gert. Huppertz
Lürriper Straße 373, 41065 Mönchengladbach
www.die-wollfabrik.de

Filzrausch Frieder Glatzer
Hagenweg 2b, 37081 Göttingen
www.filzrausch.de

Hof Kornrade Gabriel Leithaus
Am Bergschlösschen 10, 09600 Niederschöna-Hetzdorf
www.hof-kornrade.de

Wollspinnerei Vetsch
Bahnhofstraße 253, CH-7231 Pragg-Jenaz
www.wollspinnerei.ch

Spycher Handwerk
Bäch 4, CH-4953 Huttwil
www.spycher-handwerk.ch

Wollkarderei Ursula Jaton
Degenmattstraße 68, CH-4421 St. Pantaleon
www.atelier-pecora.ch

Ötztaler Schafwollzentrum Regensburger
Lehnpuit 2-4, A-6441 Ulmhausen
www.schafwolle.com

Wizardwool Dobler & Vetter
Staldenstraße 27, A-6890 Lustenau
www.wizardwool.at

Spinnradl, Haller Franz
I-39015 St. Leonhard; www.spinnradl.it

FEBRUAR:

GESTALTEN MIT WEIDEN

Aus Hecken werden Häuser

Im Laufe des Februar lassen sich in der Natur schon die ersten Anzeichen des nahenden Frühlings finden: Bei Tauwetter mit Schneeschmelze und üppigen Frühlingsregengüssen strömt so etwas wie «Lebenswasser» in die Pflanzenkeime und Wurzeln ein. Auf diese Art haben sich jedenfalls unsere Vorfahren in dieser Jahreszeit das Einwirken des Tierkreiszeichens Wassermann (♒) vorgestellt: Der Wassermann gießt die Gefäße mit dem «Wasser des Lebens» über die Erde.
Gegen Ende des Monats – unter dem Tierkreiszeichen Fische (♓) – schwellen in den mehrjährigen Pflanzen, z.B. den Bäumen und Sträuchern, die Knospen. Dies geschieht durch das in den Pflanzen aufgestiegene Lebenswasser, zusammen mit der einwirkenden Sonnenkraft. Der Fisch ist ein treffliches Symbol für den jetzt in der Natur erlebbaren Drang, sich ausbreitend zu vermehren. Die Fische sind im Tierreich diejenigen Lebewesen, die sich unter günstigen Bedingungen in verschwenderischer Fülle dem Vermehrungsgeschehen hingeben. Tausende von Eiern werden befruchtet und dienen anderen Lebewesen als wertvolle Nahrungsgrundlage.
Im Pflanzenreich durchbrechen winzige, zarte Wurzelspitzen jetzt die Samenhüllen und finden Halt, Festigkeit und Sicherheit im «Mutterboden», der sie schützend umgibt. Die Tage werden länger, das Licht mehrt sich und fordert die Vögel morgens und abends zu allererstem – noch zögerlichem – Vogelgezwitscher heraus, und man wird daran erinnert, Nistkästen zu bauen, wenn man dies nicht bereits getan hat (siehe Bd. 1, März-Kapitel).
Die zunehmende Kraft der Sonne lockt auch die Bienen aus ihrer Winterruhe ins Freie. Bis zu diesem Zeitpunkt haben sie als Traube um ihre Königin verweilt, dabei Honig aus den Wintervorräten aufgenommen, um diesen in überlebensnotwendige Wärme zu verwandeln. Nach wochenlanger Nahrungsaufnahme können sie sich nun beim ersten Ausflug ihrer Stoffwechselendprodukte entledigen, was als *Reinigungsflug* bezeichnet wird.
Als optische Einladung für Bienen und Hummeln dienen Schneeglöckchen, Krokusse, Leberblümchen und viele andere Frühlingsblüher. Sobald der letzte Schnee geschmolzen ist, werden Nisthilfen (Foto oben eine Nisthilfe für Baumhummeln, Foto unten eine Nisthilfe für Erdhummeln) von wohnungssuchenden Hummelköniginnen aufgesucht.

In die Legosteine gefülltes Honigwasser lädt mit seinem Duft zusätzlich ein und ist eine willkommene Nahrungsquelle für die Hummelkönigin.

Februar – letzte Gelegenheit zum Weidenschnitt

Der Februar ist der bevorzugte Zeitraum zum Gestalten mit Weiden. Voraussetzung ist allerdings, dass der Boden nicht mehr gefroren bzw. zu nass ist.
Zudem ist es die letzte Möglichkeit, im Winterhalbjahr noch Weiden zu schneiden, denn ab 1. März stehen sie bereits unter Naturschutz, damit ihre blühenden Kätzchen den Bienen als Nahrungsgrundlage dienen können. Viele Vögel bauen bevorzugt in Kopfweiden ihre Nester.

Uralte, gepflegte Kopfweiden in Flussauen haben nicht nur sagenhafte Ausdrucksformen, sondern liefern zugleich große Mengen an Weidenruten, die sich für vielfältige Gestaltungsmöglichkeiten verwenden lassen.

Die Weide – eine kindgemäße Pflanze

Die Weide ist eine sehr kindgemäße Pflanze: Sie wächst nahezu beobachtbar schnell, ist geschmeidig und biegsam in den Trieben, ihre samtweichen Kätzchen sind sprichwörtlich eine «Augen-Weide» und fordern zum Anfassen und Fühlen heraus.
Weiden haben die Eigenschaft, dass sie sich fast zusehends mit dem Boden verwurzeln; gerade dieses «Wurzelnschlagen» sollte man den Kindern bewusst vor Augen führen.
Man nimmt hierfür ein größeres Glas mit Sand, Steinen und Wasser, steckt die Weidenstöcke hinein und kann auf diese Weise das Wurzelwachstum beobachten. Weiden sollten, wenn die Lage nicht zu trocken ist, in jedem Kinder-Garten gepflanzt werden.
Im Februar beginnen die Weiden zu blühen, und man kann mit den Kindern das folgende Lied von den Weidenkätzchen singen (siehe Seite 70):

Foto rechts: Viele Hände machen langer Arbeit schnell ein Ende. Und welche Freude, wenn man neue Dinge kennenlernen kann, die sich auch zu Hause umsetzen lassen. Schon nach einem Tag fleißiger Arbeit ist die Pausenlaube fertig.
Eine ausführliche Arbeitsanleitung für Weidenlauben, grüne Klassenzimmer usw. findet man in Band 1, März-Kapitel.

Die Weidenkätzchen

Text: Christian Morgenstern / Melodie: Alois Künstler

3. In dem dürren Baume, in tieftiefem Traume habt geschlafen ihr?
In dem Holz, dem harten, war, ihr Weichen, Zarten, euer Nachtquartier?

4. «Musst dich recht besinnen: Was da träumte drinnen, waren wir noch nicht,
wie wir jetzt im Kleide blühn von Samt und Seide hell im Sonnenlicht.

5. Nur als wie Gedanken lagen wir im schlanken, grauen Baumgeäst;
unsichtbare Geister, die der Weltbaumeister dort verweilen lässt.»

6. Kätzchen ihr der Weide, wie aus grauer Seide, wie aus grauem Samt.
O ihr Silberkätzchen, ja, nun weiß, ihr Schätzchen, ich, woher ihr stammt.

Die Weide bietet viele Gestaltungsmöglichkeiten

Überall werden im Februar an Straßenrändern und Bachufern Hecken aufgeastet oder auf den Stock gesetzt. Da bietet es sich an, bei Forst- oder Kommunalverwaltungen nach Weidenruten zu fragen, aus denen sich Weidenhäuschen, Flechtzäune und vieles mehr gestalten lassen.

Gestaltungsarbeiten mit Weiden bieten gute Möglichkeiten zum verbindenden Tätigsein. Auch Kinder ab drei oder vier Jahren können sich schon daran beteiligen. Sie transportieren besonders gern die vorbereiteten Stecklinge in die Nähe der Pflanzlöcher, schaffen mit ihren kleinen Schubkarren, «Baufahrzeugen» oder Eimern den Sand zum Auffüllen der Pflanzlöcher herbei und sammeln alle kleinen Zweige auf, um sie auch noch in den Boden zu stecken. Ganz besonders reizvoll ist für sie natürlich das Angießen der Pflanzen, damit diese gut anwachsen können.

Vorsicht ist allerdings beim Verflechten von Weidenruten geboten, da allzuleicht die Augen getroffen werden können. Aus diesem Grund muss man darauf achten, dass der Abstand der arbeitenden Menschen voneinander groß genug ist. Auch können die Augen zusätzlich durch Brillen geschützt werden.

Das Gestalten mit Weiden ist ausführlich bereits in den Bänden 1 und 3 beschrieben worden. In diesen Zusammenhang gehören natürlich auch die vielfältigen Gestaltungsmöglichkeiten aus der Flechtwerkstatt (z.B. Körbe, Tabletts, Untersetzer, Hausschuhe, Kinderpuppenwagen; siehe Bd. 3).

Die folgenden Fotos (Seite 71-75) stellen nur einige Beispiele aus einer großen Bandbreite an Möglichkeiten des Weidenbaus vor.

Vom einfachen schlichten Bogenzäunchen …

… über das dichte Flechtwerk zum Befestigen einer Böschung …

... hin zum lockeren, hohen Flechtzaun ...

... und zur Kuppelverflechtung über der Sitzmulde einer Weidenlaube: Weiden bieten viele unterschiedliche Gestaltungsmöglichkeiten.

Bekommt eine Weidenkuppel im Winterhalbjahr einen Ring aus Weidenruten, so lassen sich im Frühjahr die neu wachsenden Triebe dort einflechten, und man hat im Sommer ein schönes «Himmelsfenster» im Kuppeldach.

Anlegen einer Weidengitterhecke

Um Außengelände für Kinder in Spielzonen und Ruhebereiche zu gliedern, um Licht- und Windschutzelemente zu schaffen, bietet sich das Anlegen von Weidengitterhecken an. Wir nennen sie auch *lebendige Jägerzäune.*
In der Natur-Kinder-Garten-Werkstatt haben wir eine solche Gitterhecke an einer zur Straße offenen Seite in der Nähe des Bienenhauses angelegt. Zum einen wollten wir die Bienen zum «Hochstart» veranlassen, um sie so vor den Gefahren durch vorbeifahrende Fahrzeuge zu bewahren. Zum anderen bietet die Hecke durch ihr Laubwerk im Sommerhalbjahr Schutz. Im Frühjahr werden die Weidenkätzchen den Bienen frühzeitig Nahrungsquelle sein.
An dieser Stelle haben wir den *lebendigen Jägerzaun* als exemplarisches Beispiel für das Gestalten mit Weiden ausgewählt.

Torbogen aus Weide. Sobald es frostfrei ist, können die Ruten gebunden oder verflochten werden.

1: Beim Anlegen einer Weidengitterhecke wird zunächst ein > möglichst tiefer Pflanzgraben vorbereitet.

2: Die ausgewählten Weidenruten (2 m lang, 5 cm Ø, möglichst gerade gewachsen) werden von ihren Seitenästen befreit.

5: Die unteren, für den Pflanzgraben vorgesehenen Rutenenden erhalten zum besseren Wasseransaugen einen behutsamen, flachen, längs verlaufenden Rindenschnitt.

3: Anschließend werden die Weidenruten diagonal als Gitter in beliebigen Abständen gelegt. An den Kreuzungspunkten nimmt man Rindenschnitte vor.

4: Die Weidenruten werden an diesen Stellen aufeinandergelegt und durch eine Spaxschraube miteinander verbunden.

6: In den Pflanzgraben eingesetzte Elemente werden wie beschrieben miteinander verbunden, und der Graben wird vor dem Verfüllen gründlich gewässert, damit die Stecklinge einen guten Start zur Wurzelbildung bekommen.

Das Foto zeigt, wie runde Flechtwerke ohne Boden (Spielhäuschen, Rankhilfen usw.) mithilfe einer Schablone gestaltet werden können. Hier sind mehrere wetterfeste Hartfaserplatten miteinander verleimt und verschraubt worden. In ringförmig angelegte Bohrungen werden die senkrechten Staken gesteckt und anschließend waagerecht verflochten.

Der Weidenunterbau eines Bienenstocks, auch Rutenstülper genannt, wie man ihn vor ca. 1500 bis 2000 Jahren im Rahmen der Korbimkerei in Norddeutschland fertigte. Man beschichtete ihn mit einem Lehm-Stroh-Gemisch, um das Bienenvolk vor Witterungseinflüssen und Eindringlingen zu schützen. (Siehe auch Kutsch/Obermann: Mit Kindern im Bienengarten.*)*

FEBRUAR:

HOLZ-WERKSTATT

Von Hölzchen und Stöckchen

Holz – ein wertvoller Rohstoff

Mit zunehmendem Tageslicht beginnt im Februar der Saft in den Bäumen und Sträuchern emporzusteigen. Es ist in unserem Kulturkreis eine jahrtausendealte Tradition, im zeitigen Vorfrühling das Nutzholz zu fällen. Bäume und Sträucher sind von der Winterkälte her wie «gefriergetrocknet». Das bedeutet, dass sich das Holz jetzt noch relativ leicht bearbeiten und transportieren lässt. In diesem getrockneten Zustand hat es ein viel geringeres Gewicht, als wenn es im vollen Saft steht. Im Februar geschlagenes Holz hat, wenn es als Ofenholz genutzt wird, einen hohen Brennwert.
Außerdem werden Holzfällerarbeiten vorwiegend deshalb bis Ende Februar vorgenommen, weil später die Wälder und Hecken gleichsam als Kinderstuben für die heimische Tier- und Pflanzenwelt dienen, und das sich entfaltende Leben dort darf auf keinen Fall gestört werden.
In früheren Jahren fand *alles* geschlagene Holz eine sinnvolle, vielseitige Verwendung. In Form von Möbeln, Handwerkzeugen, Küchengeräten, Holzschuhen und vielen anderen nützlichen Dingen stellte es eine wichtige Grundlage der menschlichen Existenz dar. Ganze Häuser, Einfriedungen und Fahrzeuge wurden daraus gebaut. Der größte Teil des Wärmeenergiebedarfes wurde durch Holz gedeckt. Vom hochwertigen Stammholz für den Musikinstrumentenbau über die Rinde zum Lohgerben, das Astholz, das der Korbflechter verarbeitete, bis hin zum Reisig, das – zu Schanzen gebunden – das Feuer im Brotbackofen nährte, verwendete man auch das kleinste Stückchen Holz. Nichts kam um oder wurde weggeworfen. Sehr schön wird dies in dem folgenden Gedicht von Wilhelm Busch deutlich:

Foto oben: Kunstwerke wie gewachsen ... am Steilufer von Brodten an der Ostsee.
Foto unten: Nur selten sieht man heute noch Brennholzstapel. Die Arbeit macht doppelt Spaß, wenn mehrere Generationen zusammenarbeiten.

Die Birke

Es wächst wohl auf der Heide
und in des Waldes Raum
ein Baum zu Nutz und Freude,
genannt der Birkenbaum.

Die Schuh, daraus geschnitzet,
sind freundlich von Gestalt.
Wohl dem, der sie besitzet,
ihm wird der Fuß nicht kalt.

Es ist die weiße Rinde
zu Tabaksdosen gut,
als teures Angebinde
für den, der schnupfen tut.

Man zapfet aus der Birke
sehr angenehmen Wein;
man reibt sich, dass es wirke,
die Glatze damit ein.

Dem Birkenreiserbesen
gebühret Preis und Ehr,
das stärkste Kehrichtwesen,
das treibt er vor sich her.

Wilhelm Busch

Weitsichtig pflanzte der Großvater den Wald für seine Enkel an.
Selbstverständlich erscheinen uns im gegenwärtigen Hightech-Zeitalter viele synthetisch hergestellte Werkstoffe als unverzichtbar oder unersetzbar. In einigen Lebensbereichen ließe sich jedoch das Holz als «nachwachsender Rohstoff», der zudem keine Recyclingprobleme mit sich bringt, sehr wohl wieder einsetzen. Das Umdenken nimmt glücklicherweise allmählich zu.
Gar zu leicht wird es uns mit der «Entsorgung» all unseres Konsummülls gemacht, den wir ja sogar bereitwillig in Recycling-Wertstofftonnen oder -säcken sortieren und entsorgen. Damit «entsorgen» wir zugleich unser Gewissen. In Wirklichkeit aber beginnen an dieser Stelle erst die ökologischen Sorgen.
Müllvermeidung heißt das Ziel, das wir aus Für-Sorge um unsere Kinder und Kindeskinder und unseren Planeten gemeinsam mit ihnen anstreben können. Ökologische Probleme können nur dann nachhaltig bewältigt werden, wenn jeder das tut, was in seiner Macht liegt und seinen ganz persönlichen Möglichkeiten entspricht.
In der Arbeit mit Kindern lässt sich in dieser Hinsicht unendlich viel bewirken. Wer bereits als Kind mit den natürlichen Werkstoffen umgehen lernte, kann leichter nach natürlichen Alternativen suchen.
Augenblicklich liegen unsere Wälder noch voll mit «Abfallholz» und werden von Borkenkäfern und anderen Plagen heimgesucht, die ihrerseits wieder mit Gifteinsatz bekämpft werden müssen. Diese Probleme entstehen, weil der Wald heute fast ausschließlich zu einem Wirtschaftsfaktor degradiert worden ist. Vom ursprünglichen *Lebenssymbol Baum* bleibt in der derzeitigen Wertschätzung oft nur noch das Holz mit seinem aktuellen Marktwert.
Wir sollten uns von Monokulturen mit Massenholzproduktion längst entfernt haben und hinstreben zu einem Verständnis vom Wald als einem kostbaren, vitalitätsspendenden Lebensraum – als einem unverzichtbaren Bindeglied im gesamten Wirkungsgefüge von Erde, Wasser, Licht und Luft.
Momentan ist ziemlich in Vergessenheit geraten, dass ein gesunder Wald eine riesige Wasserspeicherkapazität besitzt. Man muss sich klarmachen, dass Bäume, die uns in ihrem Erscheinungsbild über der Erde als krank begegnen, ebenso an einer großen Einschränkung ihrer Vitalfunktionen in der Erde, also in ihrem Wurzelraum, leiden. Hängt damit vielleicht auch das zunehmende Ungleichgewicht im globalen Wasserhaushalt zusammen? Unser Klima – mit vehementen Dauerregenfällen und nachfolgenden verheerenden Überschwemmungskatastrophen einerseits, übermäßig lang anhaltenden Dürreperioden andererseits – würde sicherlich eher wieder harmonisiert werden können, wenn es uns gelänge, unseren Bäumen die notwendigen Lebensbedingungen zu verschaffen: lebendige Erde, reines Wasser, unbelastete Luft und unschädliches Licht.

Die Gäste der Buche

Mietegäste vier im Haus
hat die alte Buche.
Tief im Keller wohnt die Maus,
nagt am Hungertuche.

Stolz auf seinen roten Rock
und gesparten Samen
sitzt ein Protz im ersten Stock,
Eichhorn ist sein Namen.

Weiter oben hat der Specht
seine Werkstatt liegen,
hackt und zimmert kunstgerecht,
dass die Späne fliegen.

Auf dem Wipfel im Geäst
pfeift ein winzig kleiner
Musikante froh im Nest.
Miete zahlt nicht einer.

Rudolf Baumbach

Das Holz des Waldes

Zu Beginn des neuen Jahrhunderts erinnern wir uns wieder eines lebendigen, immer nachwachsenden Werkstoffes, der früher einmal unseren ganzen Lebensraum ausfüllte: das Holz des Waldes. Noch heute finden wir in alten Bauernhäusern die Vielfalt unserer heimischen Baumarten:

- die Fußböden und Dachsparren aus Fichten, die 300 Jahre alt werden können
- die Trägerbalken aus 900-jährigen Eichen, die selbst nach einer Feuersbrunst wiederverwendet werden können
- die Dachschindeln aus Lärchen, die viele Jahrhunderte dem Wetter standhalten
- die vielfältigen Möbel, z.B. aus Kiefern- und Kirschholz
- die Handwerkerstiele und Schiffsmasten aus elastischem Eschenholz
- das wärmespeichernde und hitzegebende Brennholz der Buche
- viele andere Gegenstände wie Musikinstrumente und Kinderspielzeug aus speziell ausgewählten Holzarten – um nur einige Beispiele für die Verwendung des Holzes zu nennen.

Von diesem Werkstoff wuchsen vor Beginn des Waldsterbens zu Beginn der Achtzigerjahre 3 – 10 m^3 auf einem Hektar (10.000 m^2) im Lauf eines Jahres. Der Umfang dieses Zuwachses aller Bäume auf dieser Fläche richtet sich jeweils nach der Wüchsigkeit des Standortes mit sehr armen oder auch humosen Waldböden. In kultivierten Ländern mit geregelter Forstwirtschaft darf nur so viel Holz geschlagen werden, wie an diesem Ort nachwächst, da man die Bedeutung des Waldes in seiner umfangreichen Auswirkung erkannt hat. Hierzu gehört z.B. die Wasserhaltekraft des Waldbodens in gemäßigten und tropischen Gebieten, um auch in Trockenzeiten Reserven für Ackerbau und auch für Energieversorgung zur Verfügung zu haben. Ebenso sorgen die Wälder für eine Dauerfruchtbarkeit

Hölzernes Spieltier – wie gewachsen ...

der Acker- und Gartenbaugebiete, tragen zur Luftreinigung bei und spenden große Mengen Sauerstoff. In vielen Gebieten garantieren Wälder außerdem die Erhaltung seltener Pflanzen- und Tierarten in differenzierten Waldgemeinschaften. Und den in Städten und Industriegebieten wohnenden Menschen dienen sie als Erholungsräume.
Man könnte aus der Geschichte der Waldgebiete unserer Erde lernen, dass mit dem Verbrauch des Waldes nicht nur die Fruchtbarkeit der Böden, sondern auch die Grundlage der Kulturen vernichtet wird: Lebensräume für Pflanze, Tier und Mensch wurden bereits dauerhaft in Wüsten verwandelt. Inzwischen sollten wir auch hinzugelernt haben, dass artenreiche Mischwälder gegenüber den einseitigen Monokulturen von z.B. Fichten- und Kiefernforsten reinigende und widerstandsfähige Eigenschaften besitzen:

- Sie filtern besser die Schadstoffe aus der Luft.
- Sie schützen verstärkt das Grundwasser vor Versauerung und anderen Umweltbelastungen.
- Sie zeigen eine auffallende Überlebenschance bei Angriffen der Borkenkäfer und der Belastung durch Eisbruch und Stürme.

Deshalb ist die Wiederumstellung auf naturgemäße und vielfältige Dauerwälder eine besonders lohnende Aufgabe des zukünftigen Waldbaus.

Gegenwärtig bedrohen noch große Veränderungen die Wälder unserer Erde: Anlässlich der Umweltkonferenz in Nairobi (Kenia) wurde bekannt gegeben, dass täglich weltweit 55.000 ha Urwald vernichtet werden. Das Waldsterben hat sich global bis in die Urwälder und Nationalparks verbreitet. Dem Borkenkäfer, dem Eisbruch und Stürmen fallen jährlich große Waldflächen zum Opfer. Viele Baumarten werden durch die extremen Wetterabläufe und die Verschiebungen der Klimazonen bedroht.
Es bedarf einer zukunftsorientierten Entwicklung neuer Waldbaumethoden, die im 21. Jahrhundert einen Wiederaufbau ermöglichen:

- Durch private und staatliche Initiativen werden seit Mitte des 20. Jahrhunderts die naturgemäße Waldwirtschaft und seit etwa 30 Jahren der naturnahe Waldbau erprobt, sodass jährlich weitere Monokulturen von Fichten- und Kiefernwäldern schrittweise eine dauerhafte und widerstandsfähige Mischwaldstruktur erhalten.
- Mit den Methoden der biologisch-dynamischen Wirtschaftsweise werden seit 1969 neue Methoden der Baumregeneration erforscht. Dabei werden die kosmischen Beziehungen der Baumarten und die typischen Planetenwirksamkeiten für die Aussaaten berücksichtigt.
- In gemäßigten, tropischen und subtropischen Landschaften der verschiedenen Kontinente entstehen Anzuchtgärten und Modell-Waldflächen, in denen die «Planeten-Bäume» entwickelt und eingepflanzt werden.

Zur Sensibilisierung der jungen Generation werden Schulklassen und Studentengruppen durch Waldpraktika und Work-Camps an die Methoden des Wiederaufbaus des Waldes herangeführt. Diese praktischen Lehrgänge werden in Form verschiedener Waldprojekte europäischer Länder durchgeführt.
Weitere Informationen siehe www.hera-ev.de

Georg W. Schmidt, Pflanzenzüchter und Ökologe

Ein Holzbettchen für Hotzenplotz

Es bedarf eines geschickten Erwachsenen, um das passende Holz für Hotzenplotz' Holzbett zu suchen, zuzuschneiden, die Enden zu runden, die Bohrungen zu setzen und das Ganze schließlich zusammenzufügen.
Hier ist der Boden geflochten, man könnte ihn aber auch aus feinem Sperrholz gestalten. Das Bettgestell besteht aus Haselhölzern.

Wollpolster für Hotzenplotz' Holzbettchen

Foto oben: Mehrere Schichten Wolle übereinanderlegen und mit Filznadeln zusammenfügen.
Foto unten: Als Zudecke kann man aus mittelstarkem Wollgarn eine feine Regenbogendecke weben.

Werkstoff Holz

Praktisches Tun war seit jeher, ist heute und wird auch zukünftig ein elementares Lebensbedürfnis der Menschen sein. Dies gilt besonders für Kinder. Die in ihnen veranlagten Kräfte wie Fantasie, Tatendrang, Beobachtungsgabe und andere können sich entfalten. Spielend werden Ausdauer, Sorgfalt, Geschicklichkeit und praktischer Einfallsreichtum geübt. Das ist hilfreich für den ganzen weiteren Lebensweg.
Holzwerken ist wie ein Zwiegespräch mit einem gewachsenen Kunstwerk. Unter den verschiedenen Werkstoffen nimmt das Holz einen besonderen Platz ein. Als gewachsenes Material zeigt es uns, dass auch beim handwerklichen Bearbeiten noch «Leben» in ihm steckt. Dieses zu erkennen ist der erste Schritt beim Werken. Fragen wir das Holz und hören aufmerksam hin, wird es uns erzählen von seiner Härte, dem Gewicht, der Biegsamkeit. Es schenkt uns seinen Duft und lädt dazu ein, seine Wuchsrichtung, die Maserung und die Äste zu verfolgen – erst mit den Augen, danach mit den Händen und zuletzt mit dem Werkzeug. Dann zeigt es sich, ob wir das Holz richtig verstanden haben. Bei jedem Handgriff sollte darauf geachtet werden, dass das werdende Werkstück bleibt, was es vorher schon gewesen ist: ein gewachsenes Kunstwerk.
Die Fragen an den Werkstoff Holz: Wie bist du? Wie darf ich mit dir umgehen? Lass mich deine eigene Art erkennen! Diese Fragen gelten auch für Pflanzen, Tiere und insbesondere für das Zusammenleben mit den Mitmenschen.
In dieser Weise ausgeübt, wird aus dem Holzwerken eine Herzensangelegenheit.

Christian Tangemann, Jugendpfleger

Holzspielzeug selbst herstellen

Spielzimmer sind heute oft mit Gegenständen überfüllt, zu denen die Kinder gar keine rechte Beziehung aufbauen können, die ihre aufblühende Fantasie hemmen, ihren Hunger nach lebensvollen Sinneserfahrungen nicht stillen und das Welt- und Menschenbild bis zur Unkenntlichkeit verzerren. Diese Zerrbilder in den Kinderköpfen führen zu völliger Orientierungslosigkeit und damit zu drastischem Werteverfall. Wird der Kindergarten diesen Verlust an kindgemäßen Spiel- und Erlebnismöglichkeiten ausgleichen können? Wie kann es gelingen, einem kontinuierlichen Werteverfall erfolgreich zu begegnen?
Wichtig ist es, einen Anfang zu machen. Kindern die Liebe zum natürlichen Werkstoff Holz zu vermitteln ist nicht schwer. Wir greifen wiederum einfach das auf, was sich durch das Zusammenwirken von Mensch und Natur ergibt.
Wegränder werden von störenden Ästen befreit und Bäume beschnitten oder gefällt. Nach unseren Erfahrungen sind durchweg alle Holzfällarbeiter sehr hilfsbereit, wenn es darum geht, einen kleinen geeigneten Werkholzvorrat für den Kindergarten anzulegen. Wir sollten ihnen erklären, um welche große erzieherische

Spielzeug, das vor den Augen der Kinder entsteht, wird von ihnen besonders geschätzt und geliebt. >

Aufgabe es geht, und ihnen zeigen, was wir aus Holz mit den Kindern zu fertigen gedenken.
Die Kinder haben zu Spielzeug, das man in ihrem Beisein und mit ihrer Hilfe selbst herstellt, eine intensive Beziehung. Die Dinge werden vorsichtig behandelt und viel mehr geschätzt als «anonym», industriell produzierte Spielwaren.
Beim Verarbeiten von Holz und anderen natürlichen Materialien werden in hohem Maße die kindlichen Sinne angesprochen. Die Fantasie erhält Entfaltungsmöglichkeiten. Und durch das Üben feinmotorischer Geschicklichkeit gelangt das Kind zu umfassender praktischer Intelligenz, wenn wir ihm oft die Möglichkeit zum Handwerken geben.

Feinsägen:

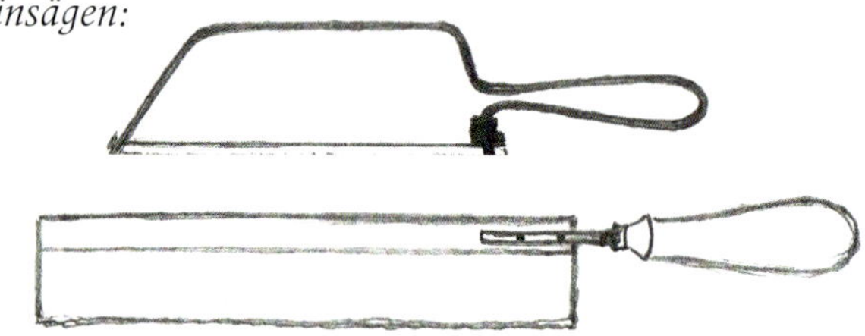

Fuchsschwanz:

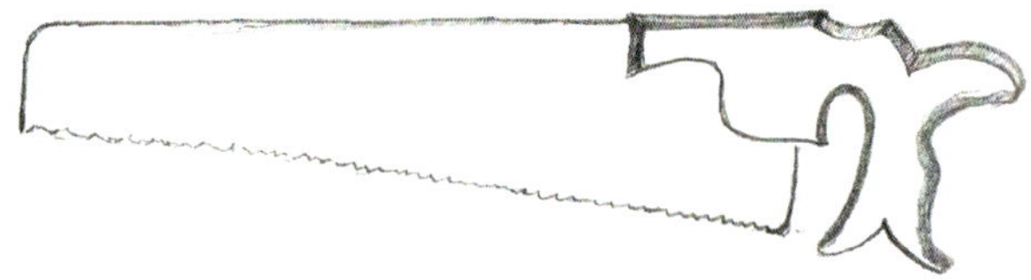

Bügelsäge:

Handschnitzmesser:

Das Werkzeug

Für Kindergartenkinder ist es wichtig, mit *eigener Körperwahrnehmung* zu erleben, welche physikalischen Qualitäten des Holzes zu berücksichtigen sind, wenn man es bearbeitet. Sie werden später viel sicherer mit Elektrowerkzeugen umgehen können, deren Wirkprinzipien verstehen und ein besseres Verhältnis zu deren Energie und Funktionsweise aufbauen.
Für Kinderhände handhabbare Werkzeuge sind diverse Grob- und Feinsägen, Handbohrer, Hammer, Zange, Schraubendreher, Raspel, Schneidlade und andere. Wichtig sind möglichst mehrere gute Einspannvorrichtungen. Für Erwachsene oder auch für größere Kinder oder Jugendliche, die man in den Kindergarten einlädt, sollten noch weitere Werkzeuge zur Verfügung stehen: Stechbeitel, Hohlbeitel, Handschnitzmesser, Klöpfel, Garten- und Astscheren. Manche Werkzeuge – wie den Klöpfel – kann man zu Beginn der Arbeit mit Kindern in der Holzwerkstatt selbst herstellen.

Zur Einstimmung in jedes Handwerksthema legen wir alle Werkzeuge in einen schön gestalteten Kreis, benennen sie beim Hinlegen und führen dann Kim-Spiele durch: Ein Kind verlässt den Raum, ein Werkzeug wird entfernt oder vertauscht; dann versucht das Kind zu erraten, was sich verändert hat. >

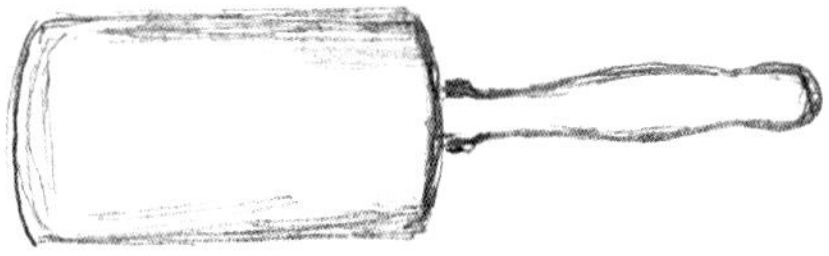

Klöpfel

Raspel

Stechbeitel

Hohlbeitel

gekröpfter Hohlbeitel

gebogener Hohlbeitel

Handbohrer

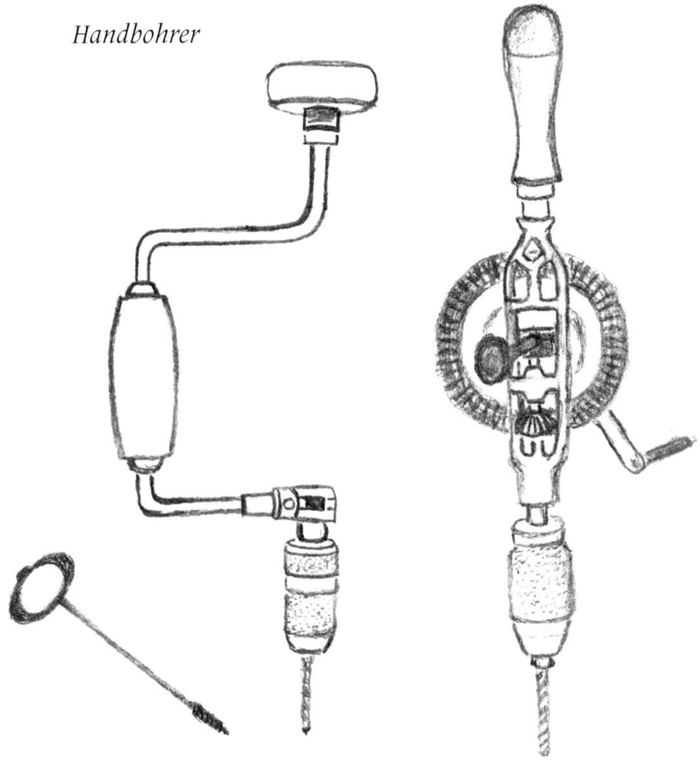

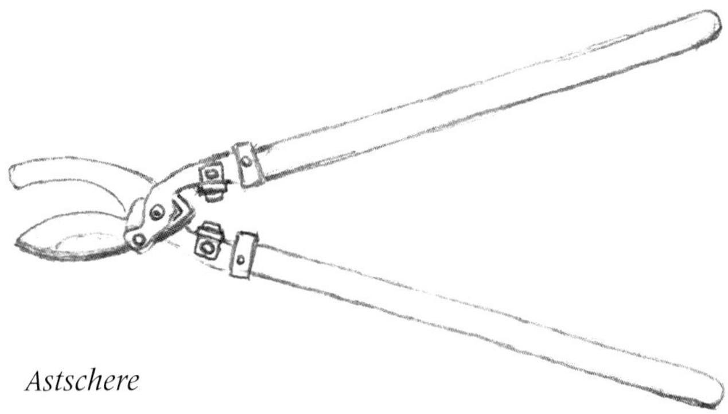

Astschere

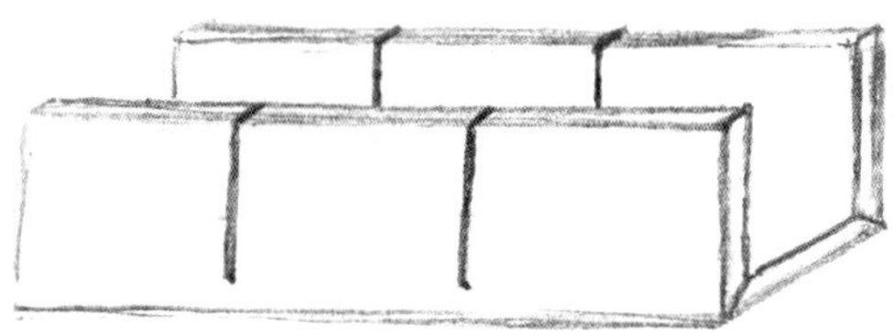

Schneidlade

Ordnungswand für Werkzeug in einem Waldorfkindergarten.
Werkzeug – gekauftes wie selbst gebautes – hat seinen eigenen Wert und sollte entsprechend pfleglich behandelt werden. Vorgezeichnete Umrisse auf einer Wand helfen, Ordnung zu halten.

Selbst hergestellte sowie im Handel erworbene Holzwerkzeuge: Klöpfel, Beitel oder Hohleisen und Raspel.

Das Astholzschnitzen

Einmal hörte ein Mann, der gern Geschichten schreibt, auf seinem Heimweg helles Kinderlachen hinter einer hohen Hecke. Er schaute durch einen kleinen Zwischenraum hindurch und sah den Spielplatz eines Kindergartens. Schnell nahm er einen Stift und ein Stück Papier aus seiner Tasche und schrieb auf, was er sah und was er hörte.

«Alle Kinder, die im nächsten Jahr in die Schule dürfen, holen sich bitte einen Stuhl heraus. Heute wollen wir zusammen schnitzen», sprach die Kindergärtnerin, und schnell wurde ein Stuhlkreis aufgestellt. In der Mitte wurde ein buntes Tuch ausgebreitet und darauf viele verschiedene Werkzeuge gelegt: einfache Taschenmesser, Küchenmesser mit Holzgriff in einem Karton, Rosenscheren, kleine Handbohrer, Sandpapier und ein Kästchen, auf das ein rotes Kreuz gemalt war.
«Nun, Kinder, stemmt mal die Arme in eure Hüften und setzt euch so weit auseinander, dass keiner seinen Nachbarn berührt, denn zum Schnitzen braucht jeder viel Platz um sich herum. Dann haltet die Hände vor euch und bewegt die Finger. Wer kann es ganz schnell? Was seht ihr? Die besten Werkzeuge sind eure Hände. Mit ihnen könnt ihr fast alle Arbeiten tun, ihr habt sie immer bei euch und könnt sie nicht verlieren.
Für einige Arbeiten brauchen wir einfache Handwerkzeuge, zum Beispiel ein Messer zum Schnitzen, einen Bohrer zum Bohren oder Sägen zum Sägen. Diese Arbeiten können wir nicht mit den eigenen Fingern tun. Werkzeuge sind dann das Hilfsgerät. Sie liegen hier auf dem Tuch, in Gruppen geordnet. Schaut sie alle in Ruhe gut an. Nun macht mal beide Augen zu. So, jetzt dürft ihr sie wieder aufmachen. Was hat sich auf dem Tuch verändert? Richtig, lieber Lucca, die eine Säge liegt jetzt zwischen den Bohrern. Gut gemacht!
Jedes Kind darf sich nun ein Messer aus dem Karton nehmen, mit dem ich zu euch komme. Bitte schön! Denkt daran, dass sie scharf sind, seid behutsam damit. Wir schauen uns die Messer an: Sie haben einen Griff aus Holz wie die Küchenmesser in Mutters Küche und

eine Klinge. Diese hat zwei Seiten. Die eine ist breit; ihr dürft mit dem Finger vorsichtig darüberstreichen, das ist der Messerrücken. Die andere Seite ist die Schneide, da streichen wir nicht darüber, denn sie ist scharf. Beim Arbeiten nehmen wir den Griff in die Faust und schnitzen immer in die Mitte des Stuhlkreises, nicht zu unseren Nachbarn hin.
Wenn ihr mal nicht schnitzt und aufsteht, legt das Messer auf den Sitzplatz. Niemals mit dem Messer in der Hand herumlaufen! Denkt gut an alle diese wichtigen Ratschläge, dann brauchen wir aus dem Kästchen mit dem roten Kreuz vielleicht gar kein Pflaster.
Im Garten und im Wald habe ich einige Äste und Zweige gesammelt. Morgen tun wir das gemeinsam, aber brechen keine frischen Zweige ab, sonst weinen die Bäume und Sträucher.
In diesem Zweig hier mit den vielen Astgabeln haben sich kleine Vögelchen versteckt, mit einem Köpfchen, einem Schwanz und Beinchen, die wollen wir mal suchen. Wer hat einen entdeckt? Kathrin, zeig ihn mir bitte einmal.»

«Das ist der Schwanz, das der Kopf mit dem Schnabel und das sind die Beinchen. Dieser Vogel singt und zwitschert.»
«Das hast du sehr gut erkannt, Kathrin. Und jetzt du, Finn.»
«Das ist der Kopf mit dem Schnabel, dieses der Schwanz und das die Beinchen. Er hat gerade ein Körnchen auf dem Boden entdeckt und pickt es auf.»
«Gut gesehen, Finn, und dann kann der Vogel auch fröhlich weiterzwitschern.»

«Wir nehmen eine Rosenschere und schneiden alles Holz ab, das nicht zu dem entdeckten Vögelchen passt. Dabei helfe ich euch gerne, wenn es schwer geht. Die Beinchen lassen wir erst einmal so lang wie sie sind. Dann schnitzen wir an den Kopf einen spitzen Schnabel und den Schwanz an der Ober- und Unterseite dünner, damit der Vogel leichter ist und besser fliegen kann. Noch können wir ihn nur in der Hand halten oder hinlegen, aber Vögel stehen ja auf ihren Beinchen, wenn sie singen und Körner aufpicken.
Wir sägen von einem Holunderast eine Scheibe ab, denn in diesem Holz ist schon ein Loch gewachsen. Könnt ihr das Loch sehen? Die Scheibe schleifen wir mit Sandpapier wunderbar glatt.

Vögelchen und anderes Spielzeug aus Astholz.

Dann halten wir den Vogel an den Beinchen fest, denken uns einen Zauberspruch und stecken sie durch das gewachsene Loch in der Holzscheibe, jetzt wissen wir, wie lang die Beine sein müssen. Unten erscheint das weiche Mark, wir nehmen es ab. Wenn die Beinchen zu dick sind, schnitzen wir sie etwas dünner, und wenn sie zu dünn sind, stecken wir einen Holzspan als Keil daneben. Später könnt ihr als Standfläche auch Kastanien, Bienenwachs oder Ton dafür nehmen.
Und nun frisch ans Werk!»

Der Mann, der gern Geschichten schreibt, hatte alles gehört und gesehen und aufgeschrieben. Er freute sich, wie begeistert die Kinder schnitzten, und wartete, bis sie wieder in ihren Gruppenraum gegangen waren.
Schnell lief er zu der Kindergärterin und fragte, ob er über das Astholzschnitzen eine Geschichte schreiben dürfte für alle anderen Kinder, Eltern und Kindergartenkollegen und bat um weitere Werkstattanleitungen für Dinge, die man sonst noch am Astholz mit Kindern schnitzen kann.
«Ja, gern», sagte die Kindergärtnerin. «Kommen Sie, wenn die Kinder wieder zu Hause sind, dann kann ich Ihnen noch viele andere schöne Dinge zeigen.»

Christian Tangemann, Jugendpfleger

1

2

3

1: Solche Bauklötze können bereits von den ältesten Kindergartenkindern gesägt und fein geschliffen werden. Durch biologische Lasuren wird die Tiefe der Holzmaserung richtig hervorgehoben.

2: Kinder beteiligen sich nach ihren Fähigkeiten gern, wenn vor ihren Augen Stabpuppen aus Rundhölzern, Hühnchen aus Astgabeln, Schiffchen aus Rinde oder ein Kran aus einem eigenwillig gewachsenen Holzstück entsteht.

*3: Selbst gebaut ist er lieb und wert,
der kühne Reiter auf dem hölzernen Pferd.*

Steckzäune sind immer wieder zu variieren und fordern bei jedem neuen Gebrauch die manuelle Geschicklichkeit heraus.

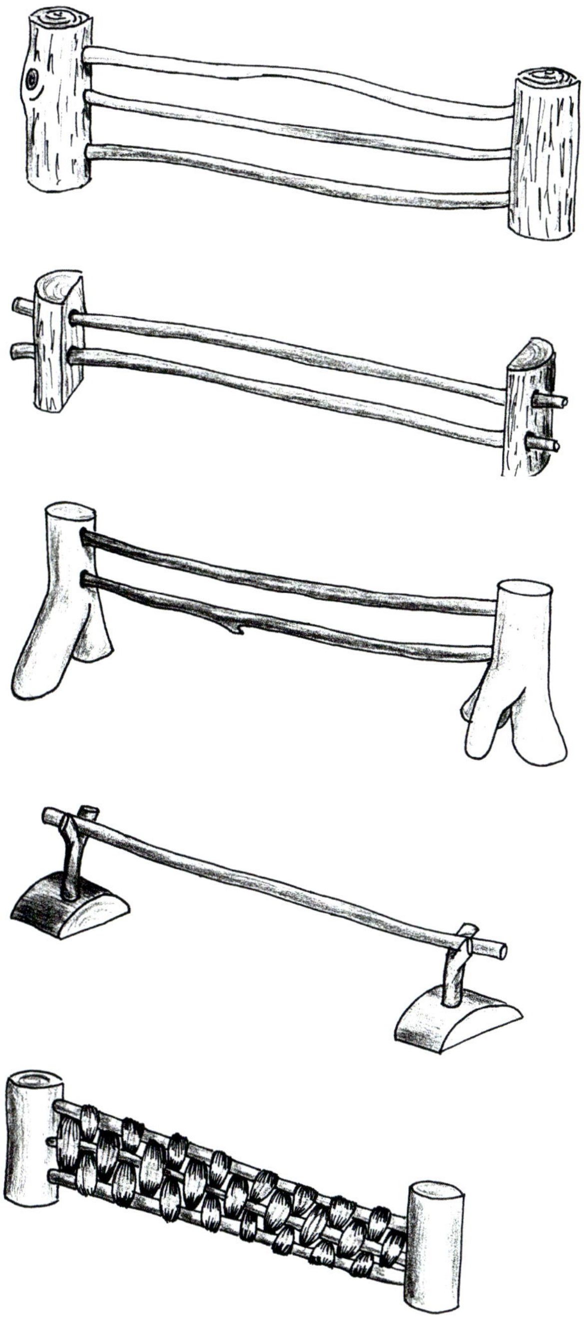

Spielzäune

Ein nächster Schritt im «Schnitzkurs» für Kinder kann das Gestalten von allerlei Zäunen oder Gattern für den Spielbauernhof oder die Tiergehege des Spielzoos sein.

- Rundholzabschnitte, Astgabeln oder Gatterstangen mit der Pucksäge passend absägen.
- Rundholzabschnitte bei Bedarf mit dem Küchenmesser und einem feinen Hämmerchen längs spalten.
- Löcher für die Steckverbindungen mit der Bohrwinde, dem Hand- oder dem Spiralbohrer bohren.
- Alle Einzelteile nach dem Zuschnitt schleifen, bis sie «so weich wie Samt und Seide» sind.
- Alle Gatterteile mit Naturharzöl-Imprägniergrund, Leinöl oder Bienenwachssalbe behandeln.

Hinweis: Wenn die Gatterteile nicht verleimt werden, haben die Kinder über lange Zeit immer wieder die Möglichkeit, ihr Spielmaterial zu variieren. Dann müssen die Bohrlöcher allerdings entsprechend größer gebohrt werden.

Puppenmöbel und Puppenstuben

Auch für selbst gebaute Puppenstuben können die Kinder eine Ausstattung «Echtholzmöbel» aus Astholz kreieren:

- Für einen Stuhl sägt man aus einem Rundholzstück einen senkrechten Winkel heraus. Hierfür benutzt man am besten die Pucksäge.
- Als Tisch oder als Hocker dient ein Rundholzabschnitt, der natürlich fein geschliffen und lasiert oder gewachst wird.
- Will man eine Bank anfertigen, wird die untere Standfläche plan geschnitzt oder – wenn man eine Einspannvorrichtung (eine kleine Werkbank) hat – geraspelt. Sitz und Lehne werden im Sitzwinkel längs zur Maserung eingesägt.

Jedes Werkstück wird fein geschliffen, sodass es ein «Handschmeichler wird.

Die Wände dieser Puppenstuben sind aus mehrfach verleimtem Sperrholz gefertigt, können wunschgemäß in verschiedenen Raumformen angeordnet und nach dem Spielen leicht zusammengefaltet werden. Die Möbel sind aus Astholz geschnitzt. Sie können auch von älteren Kindern, die Erfahrung im Holzwerken haben, hergestellt werden. Diese Tätigkeit ist aber eher für den Bereich der Elternarbeit gedacht.

Rasseln, Ratschen und Stabhölzer – Instrumente für das Winteraustreiben

Früher feierte man in unserem Kulturkreis am 2. Februar «Mariä Lichtmess», das Fest des sich mehrenden Tageslichtes. In einer Zeit, in der es weder Strom noch Heizung, noch Lampen gab, hatte dieses Fest einen ganz anderen Stellenwert als heute.
Mit zunehmendem Licht verspürten die Menschen in früherer Zeit den starken Wunsch, dem Winter schnell den Garaus zu machen und böse Geister, Hexen und Dämonen zu vertreiben. Es lebte der Brauch des Winteraustreibens, wie man ihn aus dem Alemannischen im süddeutschen Raum kennt. Mit Schellen, Rasseln, Flöten und anderen laut klingenden Instrumenten, unterstützt von farbenfrohen Masken und Verkleidungen, sollte der Winter in die Flucht geschlagen werden.
Das «Winteraustreiben» ist eine naturnahe Möglichkeit, mit Kindern im Vor- und Grundschulalter den Karneval zu feiern, zumal sich der besondere Hunger nach Farbenpracht, kindlicher Bewegungs-, Sinnes- und Lebensfreude auf diese Weise leicht stillen lässt. Klingende Schlaghölzer, Reifen und Stöcke mit Glöckchen und bunten fliegenden Bändern sowie Rasseln und andere «Musikinstrumente» sind kostengünstig leicht mit den Kindern herzustellen. Und es macht sehr viel Spaß. Nachfolgend einige Beispiele:

Der Glöckchenstab wird mit bunten Bändern und verschiedenen Glöckchen bestückt.

Der Glöckchenkranz wird aus dünnen Weiden- oder Haselruten geformt, mit Krepppapier umwickelt und mit Bändern aus Seide geschmückt. Die Glöckchen befestigt man mit starkem Garn oder Silberdraht am Kranz.

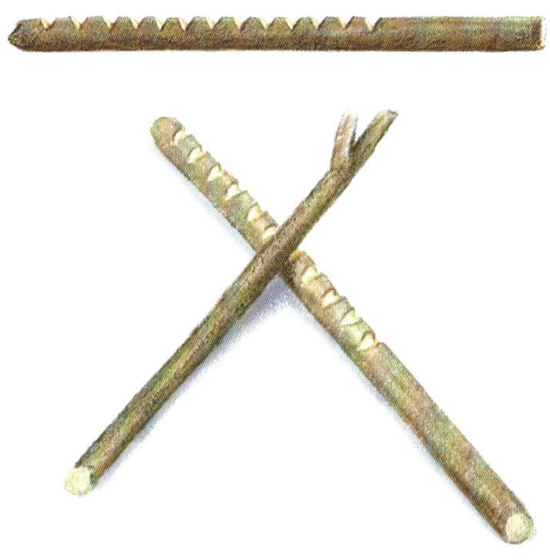

Die Stabratsche ist aus Haselholz geschnitzt. In einen etwa 3 cm dicken und 30 cm langen Rundholzabschnitt werden Kerben geschnitzt oder gesägt, über die mit einem dünneren Astholz hin und her geratscht wird.

Diese Rassel besteht an beiden Seiten aus Weichholzscheiben mit Bohrungen, in die Rundhölzer eingeleimt werden. Man nimmt dafür feine Dübelhölzer oder Wurstspieße. Vor dem Zusammenleimen die Kugelglocke nicht vergessen.

«Buntes Narrentreiben» im Fasching.

Weitere Arbeiten aus der Holzwerkstatt

Unterschiedlichstes Holzmaterial kann man für das Werken mit Holz gebrauchen, z.B.: Rundhölzer in verschiedenen Stärken, Astgabeln, Baumscheiben, Rindenstücke, Abschnitte von hohlen Bäumen, Wurzeln, Weihnachtsbaumspitzen und vieles mehr.
Einmalige Prachtstücke, die uns lieb und teuer geworden, sind es wert, gepflegt und erhalten zu werden. In der gegenwärtigen Wegwerfgesellschaft sollte es uns ein Anliegen sein, gewachsenes Naturmaterial und die darin steckende Arbeit zu schätzen. Die folgenden Beispiele zeigen, was sich aus Holz so alles herstellen lässt. Natürlich gibt es noch viele weitere Möglichkeiten. Der Fantasie sind keine Grenzen gesetzt.

1

2

3

1: Sehr viel Behutsamkeit ließen die Kinder walten, um dieses kernfaule Fichtenholzstück so zu bearbeiten, dass das gesamte Astwerk im Inneren des Stammes in seiner Schönheit erhalten blieb.

2: Unikate fördern die Wahrnehmung für das Individuelle. Katze und Maus als bewegliches Spielzeug, das von einem zehnjährigen Mädchen für kleinere Kinder geschnitzt wurde.

3: «Klingt schon fast gut», war ihr Kommentar, als sie mit der Drahtbürste gekonnt die imaginäre «Wurzelholzgeige» strich.

< *In einem Werklehrerseminar entstand diese grazile Wasserburg aus hartem Wurzelholz: ein Naturkunstwerk mit hohem Spielwert für die Sandmulde. Nur Mut!*

Aus kernfaulen Stammabschnitten höhlen die Kinder Eulenkästen aus.

Handwerklich geschickte Erwachsene können die Kinder auch am Bau eines solchen Kleintierstalles teilhaben lassen (siehe auch Bd. 1, April-Kapitel).

Ein wichtiger Bestandteil der Holzwerkstatt im Februar ist das Schaffen von Wohnungen für diverse Vogelarten. Zweckmäßigerweise schrauben Kinder einen dafür vorgesehenen, sorgfältig gebauten Nistkasten auseinander, um sich ein Bild von allen Einzelteilen zu verschaffen. Diese dienen dann als Schablone zum Abzeichnen auf die vorgesehenen Holzbretter. (Genaue Bauanleitungen sind in Bd. 1, April-Kapitel, zu finden.) >

Dieser Junge spitzt mit der Axt Stützhölzer an, die für den Bau einer Spielmulde (siehe Bd. 1) benötigt werden.

Beizeiten wird geübt, den Nagel auf den Kopf zu treffen …

Früh übt sich, wer ein Meister werden will …

Der ausgeprägte Bewegungsdrang von besonders kraftvollen Kindern kann durch sachgemäßes Holzsägen mit Sägebock und guten, scharfen Sägen in positive Bahnen gelenkt werden.

Der Drechslermeister Johannes Brenner aus Kierspe zeigt, wie man für Kinder und mit ihnen mit einfachen Mitteln wetterfeste und rustikale Holzwerkplätze mit Sägeböcken, Zugbänken und Wippendrehbänken einrichten kann. Hier eine Zugbank mit angebautem Sägebock. Auf ihr wird das Drechselholz vorgerundet und anschließend auf der Wippendrehbank gedrechselt.

Auf der Zugbank wird eine Dachschindel mit dem Ziehmesser vorbereitet. ↗

Aus seiner Werkstatt stammen auch diese Nussknacker, die in schlichterer Form auch von Kinderhänden gestaltet werden können. >

Gesägte Hölzer können auch für eine Holzbaustelle genutzt werden. >>

Auf dem Unterstufen-Schulhof der Freien Waldorfschule Oberberg in Gummersbach wurden während einer Projektwoche in Zusammenarbeit zwischen Unter- und Mittelstufenschülern hölzerne Pferde gebaut. Unterschiedlich starke Rundhölzer wurden gesägt und in einfacher Holzverbindung zusammengefügt.

Weiterführende Literatur

Frank Egholm, *Das große Buch vom Schnitzen.* Verlag Freies Geistesleben, Stuttgart 2015

Frank Egholm, *Schnitzen mit Kindern – kreativ und einfach.* Verlag Freies Geistesleben, Stuttgart [7]2015

Dietrich Evers, *Holzzeit – Überleben dank Holz.* Verlag Walter Lang, Wiesbaden 1989

Freya Jaffke, *Spielzeug von Eltern selbstgemacht.* Verlag Freies Geistesleben, Stuttgart [23]2014

Freya Jaffke, *Holzspielzeug selbst gestalten.* Verlag Freies Geistesleben, Stuttgart [4]2012

Hugo Kükelhaus, *Werde Tischler.* Metzner Verlag, Frankfurt 1936

John Seymour, *Vergessene Künste.* Urania Verlag, Freiburg 1998

Thementsprechende Bilderbücher für Kinder

Erika Beltle, Eva Raupp Schliemann, *Meister sprecht, wär ich Euch als Helfer recht?* Verlag Urachhaus, Stuttgart 1979

Oscar Pletsch, Bernhard Martin, *Was machen die Meister?* Verlag Engel & Co., Stuttgart [2]1993

Zwölf Werkstätten von Handwerkern. Nebst ihren hauptsächlichen Werkzeugen und Fabrikaten. Esslinger Verlag, Esslingen 1980

Märchen: *Die Heinzelmännchen*

FEBRUAR:

TON-WERKSTATT

Jedem Topf sein Deckelchen

Töpfern – eine heilsame Tätigkeit

Auch das Formen mit Ton gehört zu den elementaren handwerklichen Arbeiten, die auf alle Kinder gleichermaßen heilsam wirken, besonders aber auf diejenigen, die organische, konstitutionelle, entwicklungsbedingte oder psychosoziale Störungen haben und einer ganz besonderen Aufmerksamkeit bedürfen.
Das Töpfern hat einen breiten und weit zurückreichenden Hintergrund in der Kulturgeschichte der Menschheit. Überall auf der Erde haben Altertumsforscher Tonplastiken und Gegenstände aus gebranntem Ton entdeckt. Die Fundstücke aus alten Tagen sind mit derselben Technik hergestellt, die man noch heute anwendet: Geformt und modelliert wurde vor allem mit den Händen.
Hände betätigen sich gern sowohl spontan als auch in der Funktion von Werkzeugen und können in ihrem Tun die innersten Gefühle zum Ausdruck bringen. Inneres Fühlen, verbunden mit Intellekt, kann so zum formfindenden, tastenden und visuell ausdruckgebenden Erleben führen. Aus diesem Grunde sollte man das Arbeiten mit Ton unbedingt auch in die Vor- und Grundschulpädagogik mit einbeziehen. Es konfrontiert die Kinder mit Urgegebenheiten wie Höhlung und Erhebung, Innen und Außen, Glatt und Rau, Feucht und Trocken.
Der Umgang mit tastbaren Polaritäten kann Menschen helfen, zu sich zurückzufinden. Das Material selber hat hochmotivierenden Aufforderungscharakter und leitet zu konzentriertem, lustvollem Tun an.
Tone sind Gemenge aus Tonmineralien (Kaolinit, Montmorillonit, Betonit u.a.) und Quarz. Sie bilden sich aus den Rückständen der chemischen Verwitterung feldspathaltiger Gesteine als Sediment in ruhigen Gewässern. Durch Vermischung mit natürlichen Substanzen sind sie meist grau, schwarz oder rötlich gefärbt.
Es geht uns bei der Arbeit mit den Kleinen nicht um isolierte Einzelprogramme, sondern um das Erleben von natürlichen Lebens- und Sachzusammenhängen im Rhythmus des Jahreslaufes. Durch Nässe, Kälte und Dunkelheit im Februar ist das Spielen im Freien nach wie vor stark begrenzt. Daher brauchen die Kinder die Möglichkeit, sich im Haus kraftvoll handwerklich zu betätigen, was großer Aufmerksamkeit und Ausdauer bedarf.

Was Sie beim Töpfern mit Kindern bedenken sollten

- Das Fertigen von Töpferarbeiten ist durch die notwendigen Trocken- und Brennzeiten relativ zeitaufwendig. Man muss also rechtzeitig damit beginnen.
- Für alle Tonarbeiten schneidet man aus Pappe «Töpferscheiben» aus, die verhindern, dass der Ton beim Formen oder beim Trocknen an der Unterlage festklebt.
- Ton sollte möglichst oft und in großen Mengen in Wannen oder besser noch als Hügel zur Verfügung stehen. Zu achten ist hierbei darauf, dass Kinder mit einem mäßigen Wärmehaushalt nicht zu lange mit Ton arbeiten, da er den Händen viel Wärme entzieht.
- Kleine Tonmengen können zu Kugeln vorgeformt und in nassen Tüchern oder Folie verpackt mehrere Stunden vor dem Verarbeiten auf die Heizung gelegt werden; dann ist der Ton nicht so kalt.
- Beim *Brennen* einfacher Kinder-Tonarbeiten kann folgendermaßen vorgegangen werden:
  - Einsetzen der Gefäße in den Ofen
  - langsames Aufheizen des Ofens auf 950 °C
  - Fortsetzen des Brennvorganges
  - langsames Einstellen auf 1200 °C.

Tonschalen für das Ostergras

Der Frühling naht, und es werden Tonschalen und Tontöpfe gebraucht, um Blumen verpflanzen und das Ostergras im März aussäen zu können (siehe Bd. 1, März-Kapitel).

Für die Ostergrasschale benötigt man eine Tonmenge in der Größe eines dicken Apfels. Dabei berücksichtigt man natürlich die individuelle Handgröße der Kinder. Der Ton wird zu schönen, glatten Kugeln geformt und auf die Papptöpferscheibe gesetzt.

Mit den Kindern wird in urbildhaftester Weise gearbeitet: Man formt die Schälchen in der Daumenkugeltechnik. Der Daumen der rechten Hand drückt von innen her eine Höhlung in die Kugel, wobei mit der linken Hand von außen Gegendruck gegeben und so die entstehende Wanddicke des Gefäßes wahrgenommen, variiert und die Form beeinflusst werden kann.

Druck von innen und Gegendruck von außen in Verbindung mit rhythmischer Drehung sind das Geheimnis beim Formen runder Gefäße. Entstehen an der äußeren Oberfläche Risse, so werden diese mit feuchten Fingern oder auch mittels Messer oder Spachtel zugestrichen.

Sind die Schälchen etwas angetrocknet, nimmt man sie von der Unterlage ab und klopft den Boden sehr vorsichtig ein wenig nach innen, damit die Gefäße nach dem Brennen nicht kippeln. Man stellt sie auf Zeitungspapier oder Pappunterlagen an einen vor Zug und übermäßigen Temperaturschwankungen geschützten Ort und lässt sie je nach Wanddicke sieben bis vierzehn Tage in ungebranntem Zustand trocknen. Zu beachten ist, dass sie im Rohzustand sehr stoßempfindlich sind und allzuleicht etwas abbrechen kann. Deshalb behandelt man sie mindestens so vorsichtig wie rohe Eier.

Anschließend werden die Osterschalen gebrannt, wie auf Seite 100 beschrieben. Die Gefäße werden durch die hohe Brenntemperatur so hart, dass sie kaum Feuchtigkeit durchlassen, und man hat das Glasieren und den Glasurbrand gespart. Dieser Vorgang wird als *Sintern* bezeichnet.

Beim Portionieren des Tons achtet man darauf, dass die Kinder die Tonkugel mit beiden Händen umschließen können.

Die Kinder säen Weizenkörner in die mit Erde gefüllten Ostergrasschalen.

Nisthilfen und Vogeltränken aus Ton

Ton ist als natürliches Material sehr gut zum Herstellen von *Nisthilfen* für Einsiedlerbienen, -hummeln und -wespen geeignet, die nicht im Volk, sondern einzeln in altem Holz oder anderen Nistmöglichkeiten leben (Näheres dazu siehe Bd. 1, S. 49 f.). Die Nisthilfen werden mit 3 – 10 mm großen und möglichst tiefen Bohrungen versehen. Sie werden in der warmen Jahreszeit von den genannten Insekten dann als Brutgänge genutzt.
Für die Vögel im Kinder-Garten können *Vogeltränken* geformt werden. Dabei ist es wichtig, möglichst flache Ränder und in der Mitte eine Erhebung vorzusehen, damit die Vögel sie – ihrer Art gemäß – zum Trinken und Baden nutzen können. In dieser Hinsicht empfiehlt sich besonders eine Brenntemperatur von 1200 °C, weil dadurch auch eine gewisse – aber nicht absolute – Frostfestigkeit erreicht wird.
Gerne versorgen die Kinder regelmäßig eine Vogeltränke mit frischem Wasser, und es ist eine gute Möglichkeit, schon die Kleinen daran zu gewöhnen, dass Naturschutz immer mit zuverlässiger, kontinuierlicher und liebevoller Fürsorge zu tun hat. Das kann übrigens nicht früh genug erlernt und geübt werden.

Hortkinder bauen in Gemeinschaftsarbeit eine Vogeltränke.

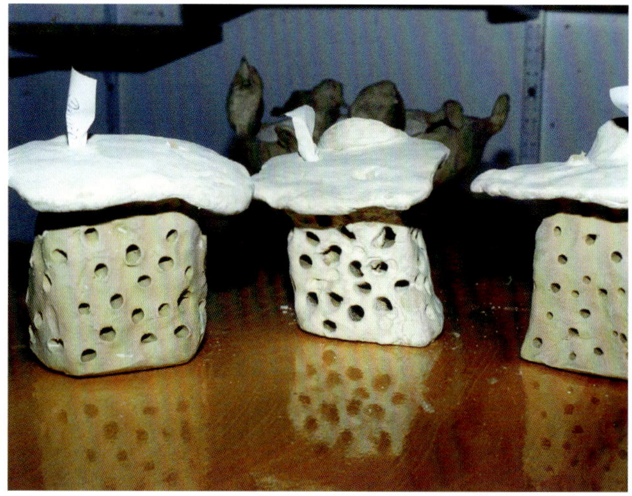

Die Nisthilfen für Einsiedlerhummeln, -bienen und -wespen werden mit 3 – 10 mm großen und möglichst tiefen Bohrungen versehen. Sie werden in der warmen Jahreszeit als Brutgänge genutzt.

Bei einem Kurs für Erzieherinnen mit dem Thema «Den Frühling begrüßen» entstanden u.a. in der Tonwerkstatt Vogeltränken, allerlei Pflanzschalen und Nisthilfen für Solitärinsekten aus Ton (siehe auch Bd. 1, April).

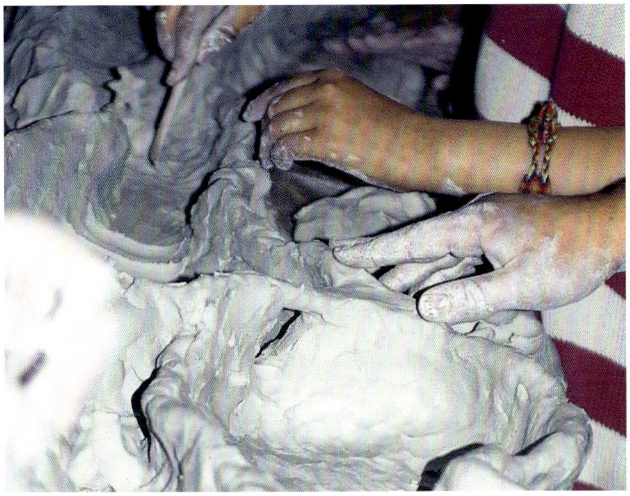

Fleißige Hände formen aus Ton das Bett für einen kleinen Tischwasserlauf (Foto oben und rechts).

Tonarbeiten können natürlich während des ganzen Jahres in vielfältigster Form gemacht werden. Vielerlei Figuren für die verschiedensten Spielanlässe werden gern von Kindern und Erwachsenen geformt.

Karl Breuer

Natur- und Produktionserfahrung aus erster Hand

Die Bedeutung der Natur-Kinder-Garten-Werkstatt für die Persönlichkeitsentwicklung und die Bewältigung aktueller gesellschaftlicher Probleme*

Das allmähliche Verschwinden der Wirklichkeit

Seit einigen Jahren sind wir in der glücklichen Lage, immer wieder die Geburt einer neuen Tierart auf unserem Planeten anzeigen zu können. Dabei handelt es sich jedes Mal um entzückende kleine Wesen, die sich wunderbar als Haustier eignen – vor allem, aber nicht nur für unsere Kinder. Es begann mit einem biologisch schwer klassifizierbaren Vorboten, dem Tamagotchi, das erstmals in Japan gesichtet wurde. Eindeutig als neue Tierart erwies sich dann Furby, diese reizende Mischung von Schoßhund und Schleiereule, die in Amerika das Licht der Welt erblickte. Und Furby blieb kein Einzelfall: Inzwischen haben Barney, der lila Dinosaurier, Aibo, der kleine Hund, und andere unser Tierreich vergrößert. In jüngster Zeit ist das Einfangen, Sammeln und Trainieren von Pokemons zu einer Lieblingsbeschäftigung von Kindern und Jugendlichen (und sogar Erwachsenen) geworden. Wie beruhigend ist es doch, dass die biologische Evolution mittels der Elektronikkonzerne dafür sorgt, dass das kontinuierliche Aussterben von Tierarten durch Neuschöpfungen wieder ausgeglichen wird ...
Roboterspielzeuge sind ein weiterer Meilenstein in einem langfristigen Prozess, durch den sich die Lebenswelt der modernen Gesellschaften wandelt und den man als allmähliches Verschwinden der Wirklichkeit bezeichnen kann.[1] Drei grundlegende Tendenzen dieses Prozesses, der bis heute im Wesentlichen ungebrochen ist, erscheinen mir unter dem Gesichtspunkt der Entwicklung des Kindes als besonder wichtig:

1. Verminderung unmittelbarer Naturerfahrung

Die fortschreitende Urbanisierung und Technisierung sowie speziell die Technisierung der Landwirtschaft verringern die Vielfalt und Verbreitung heimischer Pflanzen- und Tierarten und haben darüber hinaus in Verbindung mit der Ausbreitung der Medien zur Folge, dass die unmittelbare Naturerfahrung immer mehr schwindet. Tiere und Pflanzen werden in ihrer Eigenart und ihren unterschiedlichen Lebensweisen, wenn überhaupt, zunehmend nur noch mediatisiert erfahren. Für Kinder sind es in wachsendem Maße Medien – angefangen vom Bilderbuch über Fernsehen, Sachbuch, Video bis zu CD-ROM –, durch die sie Kenntnis von der natürlichen Umwelt erlangen. Die Tendenz zu Naturerfahrung aus zweiter Hand reicht heute so weit, dass selbst vorhandene Möglichkeiten zu unmittelbarer Erfahrung ungenutzt bleiben. Es ist ein durchaus typischer Fall, dass in der Schule die Arbeitsblätter «Wasser» durchgearbeitet werden, die die heimischen Fließgewässer und die darin lebenden Pflanzen und Tiere zum Gegenstand haben, und dass gleichzeitig der möglicherweise am Schulgelände vorbeifließende Bach ignoriert wird. Man ist gewohnt, aus Büchern zu lernen, sodass man auch inmitten der Natur ins Buch schaut und nicht auf die Pflanzen.

2. Verminderung unmittelbarer sozialer Erfahrung

Hinsichtlich der sozialen Erfahrung sind die Folgen von Urbanisierung und Technisierung komplizierter. Die städtische Zusammenballung von Menschen und deren Mobilität vergrößert zunächst einmal die Zahl möglicher sozialer Kontakte und schafft vor allem eine größere Freiheit, diejenigen Menschen auszuwählen, mit denen man etwas zu tun haben möchte. Davon profitieren aber in erster Linie die Erwachsenen, während der soziale Erfahrungsraum der Kinder durch die klein-

** Dieser Aufsatz behandelt theoretische Grundlagen und Folgerungen des Konzepts der Natur-Kinder-Garten-Werkstatt; infolgedessen bezieht er sich auf alle vier Bände der Buchreihe.*

familiäre Wohnform und den Verlust nachbarschaftlicher Kontakte ausgedünnt wird. Das gilt in noch stärkerem Maße für die Ausgliederung der Arbeitswelt aus der Nahwelt von Familie und Nachbarschaft. Die Teilnahme an der hochtechnisierten Produktion von Gütern und Dienstleistungen erschließt den Erwachsenen die sozialen Kontakte am Arbeitsplatz, während der kindlichen Erfahrung dieser Lebensbereich komplett entzogen ist. Auch die Inanspruchnahme von Dienstleistungen und die Ausübung von Freizeittätigkeiten finden vermehrt in speziellen Einrichtungen statt und sind damit ebenfalls weitgehend von den Kindern abgeschottet. Geburt, schwere Krankheit und Sterben gehen in der Klinik vonstatten, getanzt wird in Tanzsälen oder Diskotheken, Sport getrieben im Sportverein und im Fitnesscenter. Zwar werden diese Verluste durch spezielle Organisationen für Kinder kompensiert: durch Kindergarten, Schule, Hort und Jugendvereine; aber ich bezweifle, dass die Verluste auf diese Weise voll kompensierbar sind. Insbesondere wird die Trennung von Erwachsenen- und Kinderwelt dadurch noch verstärkt. Summa summarum hat sich die unmittelbare soziale Erfahrung von Kindern im Vergleich zum dörflichen Leben vorindustrieller Zeiten erheblich vermindert, und die so entstandenen Lücken füllen wiederum technische Medien, allen voran Fernsehen und Internet. Als eine Art Schlüsselloch-Beobachter gewinnt das Kind Einblick in soziale Welten, die interessant, aufregend oder erschreckend sind, in die es aber nicht einbezogen ist und die ihm nicht einmal erklärt werden, zumindest nicht durch das Fernsehen selbst.

3. Verminderung oder Verlust von Produktionserfahrungen

Die Ausgliederung der Arbeitswelt, die Technisierung der Landwirtschaft und des Haushalts haben zur Folge, dass Kinder mit vielen Gebrauchs- und Verbrauchsgütern zu tun haben, deren Erzeugung und interne Funktionsweise außerhalb ihrer Erfahrung liegen. Kinder lernen, wie man sie verwendet oder verbraucht, aber wenig mehr. Sie lernen erst recht wenig oder nichts über die Vielzahl von Materialien, Geräten und Verfahren, die zur Produktion von Gebrauchs- und Verbrauchsgütern und zur Erstellung von Dienstleistungen benötigt werden. Das gilt ebenso für die vielen Formen großräumiger technischer Organisation; es wird z.B. nur mangelhaft oder gar nicht gewusst, wie der unterirdische Teil einer Stadt, etwa ihr Wasserversorgungs- und Abwasserbeseitigungssystem, technisch funktioniert. Der Mangel an unmittelbarer Erfahrung wird im Sachbereich Produktion allerdings kaum durch mediatisierte Erfahrung ersetzt. Die Kopien in Spielzeugformat, das Arsenal von der Spielküche über die elektrische Eisenbahn bis zu Konstruktionsbausystemen leisten wenig mehr, als die unverstandenen Güter und Geräte eben auf Kleinformat zu bringen und so zum Material für Fantasiespiele zu machen. Offenbar kommt es hier gar nicht erst zur Ausbildung starker Wissens- und Verstehensinteressen, sieht man von der Minderheit technisch besonders interessierter Kinder ab.

Welche Folgen hat das allmähliche Verschwinden der Wirklichkeit für die Entwicklung des Kindes? Um diese Frage möglichst konkret zu beantworten, lohnt sich ein Blick auf Gesellschaften, die von den beschriebenen Tendenzen noch weitgehend verschont sind, in denen also noch Lebensbedingungen vorherrschen, die Kindern umfassende und intensive Natur-, Sozial- und Produktionserfahrungen gestatten. Solche Lebensbedingungen waren für die längste Zeit der Menschheitsgeschichte typisch und haben auch bei uns bis zur Entstehung und Ausbreitung der Industriegesellschaft noch bestanden. Heute findet man sie noch am stärksten ausgeprägt bei den sogenannten Naturvölkern, die aber auch immer mehr in den Sog moderner Einflüsse geraten. Unter Naturvölkern – einer Teilgruppe traditioneller Gesellschaften – werden in der Ethnologie Gesellschaften verstanden, die aufgrund eines geringen Grades an Naturbeherrschung von ihrer natürlichen Umwelt, so wie sie vorgegeben ist, weitgehend abhängig sind bzw. zum Zeitpunkt ihrer Erforschung noch abhängig waren.[2] Sie stehen in ihren materiellen Bedingungen und sozialen Strukturen steinzeitlichen Verhältnissen nahe. Durch den Vergleich mit ihnen lassen sich die Besonderheiten und Probleme des Schwindens unmittelbarer Erfahrung sowie die Chancen und Gefahren der mediatisierten Erfahrung genauer und anschaulicher erörtern. Auf die Sozialerfahrungen gehe ich dabei nur ein, soweit sie Teil der Natur- und Produktionserfahrungen sind.

Natur- und Produktionserfahrung von Kindern bei Naturvölkern

Die meisten noch existierenden Naturvölker teilen sich in Jäger-, Sammler- und Pflanzergesellschaften. Pflanzer betreiben keinen Ackerbau, sondern Gartenbau, das heißt, sie bauen Pflanzen ohne intensive Bodenbearbeitung an. Jäger und Sammler stehen altsteinzeitlichen, Pflanzer jungsteinzeitlichen Verhältnissen nahe. Zwar sind Werkzeuge und andere Güter der Naturvölker nicht mehr aus Stein und Knochen – Metallwaren und moderne Textilien haben auch hier längst Einzug gehalten –, aber typische Materialien der Steinzeit (Stein, Holz und Pflanzenfasern) sind immer noch häufig verwendete Roh- und Werkstoffe. Im Hinblick auf die Entwicklung des Kindes ist besonders wichtig, dass Werkzeuge, Geräte, Bauten und die Verbrauchsgüter des täglichen Bedarfs alles in allem von solcher Einfachheit sind, dass ihre Verwendung, ihre interne Funktionsweise und ihre Herstellung im Verlauf der Kindheit verstanden und erlernt werden können, ohne dass es dazu eines schulischen oder sonstigen speziellen Unterrichts bedarf. Das Kind lernt allein durch Beobachten, Nachmachen, Mitmachen und Üben.

Um Art und Entstehung der Natur- und Produktionserfahrungen des Kindes bei Naturvölkern näher zu beschreiben, beziehe ich mich hauptsächlich auf das Beispiel der Jatmul, einer dörflich lebenden Pflanzergesellschaft aus Neuguinea.[3] Ergänzend ziehe ich andere Naturvölker heran.

Das dörfliche Leben und die natürliche Umgebung der Jatmul sind dem Kind von Geburt an in ihrer ganzen Reichhaltigkeit zugänglich. Wie in den meisten traditionellen Gesellschaften wird das Kind in den ersten Lebensjahren überwiegend getragen und nimmt als teilnehmender Beobachter Aktivitäten aller Art wahr, die von Erwachsenen und Kindern unternommen werden. Die Person, die das Kind trägt oder in ihrer unmittelbaren Nähe hat, ist in erster Linie die Mutter, die es auch längere Zeit stillt. Die Jatmul-Mütter stillen zwei Jahre lang; im Durchschnitt beträgt die Stillzeit bei Naturvölkern zwei bis vier Jahre. Häufig sind es auch ältere Geschwister, vor allem Mädchen, die das Kind betreuen. Mit der Lauffähigkeit nimmt das Getragenwerden ab, eigene Aktivitäten und Unternehmungen des Kindes nehmen zu. Wie stark der Körperkontakt aber auch dann typischerweise noch ist, zeigt eine Untersuchung bei den Trobriandern, einem weiteren Naturvolk Neuguineas. Eine Untersuchung des Tagesablaufs eines 18 Monate alten Jungen ergab, dass dieser auf eigene Faust kleine Ausflüge und Erkundungen im Dorf und in den umliegenden Gärten unternahm, sich aber insgesamt ca. 60 Prozent auch des hellen Tages in Körperkontakt mit einer der Personen befand, die ihn betreuten.

Ungefähr ab dem Alter von vier Jahren werden die Jatmul-Kinder aus der intensiven Betreuung durch die Mutter und ältere Geschwister entlassen. Sie integrieren sich nun in Kindergruppen, die unterschiedliche Altersstufen umfassen und sich im Wesentlichen ohne Aufsicht durch Erwachsene beschäftigen. Auch das ist für Naturvölker typisch. Die älteren Kinder erlangen dabei eine erzieherische Bedeutung: Sie initiieren und organisieren gemeinsame Aktivitäten; sie schlichten bei Konflikten, sie trösten, helfen und vertreten die Kindergruppe gegenüber Erwachsenen.

Nach der in traditionellen Gesellschaften gängigen Vorstellung endet die frühe Kindheit ungefähr mit dem Ende des fünften Lebensjahres. Die Zahnentwicklung wird dabei als entscheidender Maßstab angesehen: Der Durchbruch des ersten Dauerzahnes gilt als endgültiger Abschluss der frühen Kindheit. In dieser ersten Lebensphase erwirbt das Kind bei Naturvölkern bereits eine große Fülle an Grunderfahrungen: unmittelbare Erfahrung der umgebenden Natur, Erfahrungen mit den verschiedenenartigen Aktivitäten der Erwachsenen und älteren Kinder sowie erste Erfahrungen mit eigener produktiver Tätigkeit.

Folgende Bedingungen ermöglichen dies:

1. Von Geburt an nimmt das Kind wahr, mit welchen Naturmaterialien die Größeren umgehen, welches Werkzeug, welche Geräte sie dabei verwenden und welche Produkte auf diese Weise entstehen. In dem Maße, wie es sich selbst fortbewegen kann, erweitern sich seine Möglichkeiten gezielter Beobachtung. Das Jatmul-Kleinkind schaut mit größtem Interesse bei Tätigkeiten wie der Brennholzbeschaffung, der Herstellung von Werkzeugen und Geräten, dem Schnitzen von Figuren, der Nahrungszubereitung usw. zu. Es erlebt ferner die

Spiele der älteren Kinder sowie das Spielzeug, das diese zur Verfügung haben und meistenteils selbst herstellen.
2. Das Kind hat eine große Bewegungsfreiheit und die Freiheit, Materialien und Werkzeuge praktisch kennenzulernen. Es erkundet das Dorf und die umgebende Natur. Es spielt an hohen, ungesicherten Hauseingängen – die Häuser vieler Naturvölker sind Pfahlbauten –, an Felsabbrüchen, reißenden Flüssen und auf hohen Bäumen. Es hantiert mit Messern, Beilen und glühenden Holzstücken. Bei den Fore – einem weiteren Naturvolk Neuguineas – können Kinder um die Zeit, zu der sie lauffähig sind, Macheten, Äxte und Feuer sicher handhaben. Ähnliches ist bei Gesellschaften in Afrika festgestellt worden.
3. Das Kind hat dementsprechend die Möglichkeit, einige produktive Tätigkeiten in ersten Versuchen nachzuahmen und zu üben. Weiss hat bei den Jatmul u. a. beobachtet, dass Zweijährige, am Vorbild des Holzhackens orientiert, mit einer Axt oder einem Haumesser auf Holzstücke schlagen und sich mit dem zugehörigen Werkzeug am Holzschnitzen versuchen; Dreijährige rösten sich Essensreste am Feuer, die sie anschließend verzehren.

Die praktischen Erfahrungen der frühen Kindheit sind die Basis dafür, dass das Kind der Naturvölker nach und nach alle produktiven Tätigkeiten, die zum Erwachsenenleben gehören, erlernt und, wenn es sie beherrscht, in zunehmendem Maße auch verantwortlich ausführt. Bei den Jatmul beginnt das Kind ab dem sechsten Lebensjahr in größerem Ausmaß damit, sich selbst zu versorgen und Tätigkeiten für Erwachsene zu erledigen, vor allem für die Mutter. Jatmul-Kinder sind ein wichtiger Teil des ökonomischen Systems, ohne dass Kinderarbeit in einem bedenklichen Sinn vorläge.[4] Das Erlernen der Tätigkeiten ist für sie generell hochinteressant. Erlernte produktive Tätigkeiten verrichten sie teils spontan, weil sie Lust dazu haben, teils weil die Eltern es von ihnen verlangen. Sie sind «bereit, mitzuarbeiten, doch auch sie ziehen andere Tätigkeiten wie Spielen und Nichtstun vor – d.h. sie müssen sich die Einsicht erst aneignen, auch dann eine Arbeit auszuführen, wenn sie dazu keine Lust haben».[5]

Dazu einige Beispiele:

- Ab dem Alter von fünf Jahren legen Jatmul-Kinder nach dem Vorbild der Eltern kleine Gärten an, aus denen sie sich für Zwischenmahlzeiten selbst versorgen. Etwa im selben Alter beginnen sie auch damit, zum Zweck der Selbstversorgung Kleintiere zu sammeln, z.B. Frösche, die sie rösten.
- Der Fischfang mit Reusen ist bei den Jatmul Frauensache. Die ersten kleinen Reusen, mit denen Mädchen selbstständig fischen können, erhalten sie in der mittleren Kindheit. Darauf beginnen sie, bei dem anspruchsvollen Handwerk des Reusenflechtens mitzuhelfen. Mit dreizehn bis vierzehn Jahren etwa sind sie in der Lage, große Fischreusen allein herzustellen. Die Männer fischen mit Speeren. Mit sechs Jahren erhalten Jungen ihre ersten kleinen Speere, mit denen sie auf Fischfang gehen. Etwa im Alter von zehn Jahren können sie selbst Fischspeere herstellen.
- Die Nahrungszubereitung ist wiederum in erster Linie Frauensache. Die anspruchsvollste Tätigkeit dabei ist das Backen von Fladen aus dem Mark der Sagopalme. Die Fladen sollen in bestimmter Weise geformt sein, was nicht einfach zu lernen ist. Mädchen über fünf Jahre leisten beim Backen Handreichungen und üben Backen, indem sie für sich und Geschwister Fladen herstellen. Im Allgemeinen beherrschen sie mit zehn Jahren diese Kunst; sie backen und kochen dann erstmals für die ganze Familie.
- Der Bau von Kanus ist Männersache. Da es um Präzisionsarbeit ohne Messgeräte geht, verlangt er besonders viel Können und Geschicklichkeit. Knaben schauen mit großem Interesse zu und helfen, wenn sie älter sind, gern mit. Im späten Jugendalter, etwa ab siebzehn Jahren, beherrschen sie die Technik des Kanubaus.

Diese Übersicht über die Natur- und Produktionserfahrungen der Jatmul-Kinder zeigt deutlich, dass das Kind bei Naturvölkern von Geburt an in reichem Maße Grunderfahrungen machen kann, die dem Bereich der Naturwissenschaften angehören. Mit Grunderfahrungen meine ich Erfahrungen, die alle Sinne einschließen, die von dem jeweiligen Gegenstand überhaupt angesprochen werden können.

Die naturbezogenen Erfahrungen des Jatmul-Kindes lassen sich unterteilen in:

- physikalische Erfahrungen; sie werden vor allem im Wahrnehmen und im Umgang mit Naturmaterialien und Werkzeugen gemacht
- biologische Erfahrungen; Grundlage dafür sind das Beobachten, Sammeln und Jagen von Tieren und Pflanzen
- chemische Erfahrungen; diese werden bei der Feuernutzung, bei der Wahrnehmung der Verrottung von Pflanzen, der Verwesung von Tieren etc. gemacht.

Naturwissenschaftliche Grunderfahrungen hängen eng mit der Ausübung produktiver Tätigkeiten zusammen. Die Grunderfahrungen sind eine Voraussetzung für produktive Tätigkeiten und diese ihrerseits eine Bedingung für Grunderfahrungen: Sie erweitern sie und vertiefen sie vor allem. Das Jatmul-Kind erlernt produktive Tätigkeiten in vier Bereichen:

- Nahrungsbeschaffung; dazu gehören Tierjagd, Gartenbau und das Sammeln von Wildpflanzen und Wildpflanzenprodukten
- Hauswirtschaft; dazu gehören Brennholzbeschaffung, Zubereiten von Zwischenmahlzeiten, Kochen und Backen, Essgeschirrreinigung
- Handwerk; dazu zählt die Herstellung von zweckbezogenen Gebrauchs- und Verbrauchsgütern und die Herstellung eigenen Spielzeugs
- Kunsthandwerk und künstlerische Tätigkeit; hierzu zählen das Sichschmücken für Spiel und Tanz und Holzschnitzen.

Mit dem Erlernen der produktiven Tätigkeiten sind ferner soziale Grunderfahrungen verbunden: Unterstützungserfahrungen, durch die sich das kindliche Lernen differenziert. Neben das Lernen in praktischer Auseinandersetzung mit Materialien, bei dem man ganz auf sich allein gestellt ist, tritt das Lernen durch Nachmachen und das Lernen in angeleitetem Mitmachen. Im ersten Fall beobachtet und imitiert das Kind ein Modell – eine kompetentere Person, sei es ein Erwachsener oder ein älteres Kind –, wobei das Modell das Nachmachen auch anleiten kann. Im zweiten Fall bezieht die kompetentere Person das Kind zu Lernzwecken in eine gemeinsame Tätigkeit ein. Diese sozial vermittelten Lernformen sind für Naturvölker und traditionelle Gesellschaften insgesamt typisch, solange schulische Bildung noch nicht dominiert. Dabei stehen nonverbale Erfahrungen im Vordergrund. Das Kind wird nicht zum Fragen ermuntert und nicht mit Worten instruiert; vielmehr wird von ihm erwartet, motorische und handwerkliche Fertigkeiten sowie Wissen naturbezogener und sozialer Art durch intensives Beobachten, Nachmachen, Mitmachen und wiederholtes Üben zu erwerben. In vielen traditionellen Gesellschaften wird das Kind vom ersten Lebensjahr an ermuntert und dazu angehalten, gut zu beobachten. Wenn es Fragen stellt, wird oft mit der Aufforderung geantwortet, sich das Entsprechende anzuschauen. Testfragen, die dazu dienen zu überprüfen, ob das Kind etwas verstanden hat – ein typisches Element der Lernform des schulischen Unterrichts – sind unüblich.

Die Verbindung von angeleitetem Nachmachen und Mitmachen ist ein lehrlingsartiges Lernen, die älteste Form eines sozial institutionalisierten «Lernens durch aktives Tun». Diese Lernform hat in den letzten Jahren zunehmend das Interesse der pädagogischen Psychologie gefunden. Greenfield hat sie beispielhaft an der Art untersucht, wie Kinder der Mayas in Mittelamerika das Weben erlernen.[6] Maya-Mädchen verbringen zunächst unzählige Stunden damit, ihrer Mutter und anderen Frauen beim Weben zuzuschauen. Mit sieben Jahren etwa beginnen sie damit, unter erfahrener Anleitung ihr erstes Webstück selbst herzustellen, und mit ca. fünfzehn Jahren können sie allein weben. Typisch für den Lernprozess ist, dass die Webversuche auf jeder Entwicklungsstufe mit Unterstützung der Lehrmeisterin, in der Regel der Mutter, ein vollwertiges Produkt erbringen. Die Lehrmeisterin übernimmt zunächst alle schwierigen Teile des Herstellungsprozesses, die sie damit zugleich vorführt, und überlässt sie dem Kind in dem Maße, wie dieses sie auszuführen lernt. Bei manchen Schritten sitzt sie dabei hautnah hinter dem Kind, sodass es die Bewegungen ihrer Hände aus derselben Position wie eigene Handbewegungen verfolgen kann.

Gleich wichtig wie diese naturwissenschaftlichen und sozialen Grunderfahrungen ist eine weitere Erfahrung, die sich am Beispiel des Jatmul-Kindes zeigt: Die produktiven Tätigkeiten, die es zunächst in Ansätzen oder

Teiltätigkeiten und dann komplett ausführt, haben einen starken Bezug zur Lebenswelt der Erwachsenen. Seine Tätigkeiten sind in ihrer großen Mehrzahl für die Familie oder die dörfliche Gemeinschaft unmittelbar nützlich und werden daher auch von den Erwachsenen ausgeübt.

Der Mangel an Natur- und Produktionserfahrung von Kindern in Gesellschaften unseres Typs

Wie ist es im Vergleich mit den Naturvölkern und anderen traditionellen Gesellschaften um entsprechende Möglichkeiten zu naturwissenschaftlichen Grunderfahrungen und zum Erlernen produktiver Tätigkeiten für Kinder in unserer Gesellschaft und anderen modernen Gesellschaften bestellt? Und welcher Stellenwert ergibt sich daraus für Spiel und mediatisierte Erfahrung? Zur Beantwortung dieser Fragen möchte ich die Entwicklung des Kindes in ihren verschiedenen Phasen etwas genauer betrachten, wobei ich mich im Wesentlichen auf die frühe Kindheit, auf die Lebenszeit bis zum Schuleintritt, beschränke.

Betrachten wir zunächst die ersten ein bis eineinhalb Lebensjahre. In den ersten fünf bis sechs Lebensmonaten, in denen das Kind sich noch nicht selber fortbewegen kann, hat es bei uns zweifellos weniger Erfahrungsmöglichkeiten als bei den genannten Gesellschaften. Der Grund dafür ist einfach: Es liegt mehr, es wird weniger getragen bzw. gefahren. Sobald es aber kriechen, krabbeln und laufen kann, erschließt sich ihm zunehmend die Welt der elterlichen Wohnung und die weitere Umgebung bei Ausflügen nach draußen. Die Reichhaltigkeit dieser Welt dürfte, bezogen auf sein Fassungsvermögen, der der Naturvölker gleichwertig sein. Sobald das Kind greifen und sich bewegen kann, betätigt es sich als empirischer Forscher, der alles anfassen, kosten und in seinen Materialeigenschaften kennenlernen will. Wenn die Eltern ihm dabei als wohlwollende Forschungsassistenten zur Seite stehen, wie es B. Sichtermann in *Vorsicht Kind* so anregend beschrieben hat, dürfte das Kind des ersten Lebensjahres auch bei uns alles haben, was es zur Anregung seiner kognitiven und motorischen Fähigkeiten braucht – allerdings nur dann, wenn die Eltern diesen Freiraum und diese Unterstützung tatsächlich geben.

Nachdem der kindliche Forscher genügend angefasst, geschüttelt, zerlegt, mit anderem kombiniert, geworfen und zerbrochen hat, ist er erfahrener und wird anspruchsvoller. Etwa mit Beginn des zweiten Lebensjahres interessiert sich das Kind nicht mehr nur für die Dinge seiner Umgebung, sondern zunehmend auch für die Handlungen, die die Erwachsenen damit ausführen. Es wird immer mehr auf die gebrauchs- und verbrauchsgüterbezogenen Erwachsenentätigkeiten aufmerksam, findet sie hochinteressant und möchte sie auch selbst ausführen; es möchte sie nachmachen oder dabei mitmachen. Das beginnt mit dem einjährigen Mädchen, das sich mit einer Hand an der Waschmaschinentür festhält und mit der anderen Hand zusammen mit dem Vater die Wäsche einfüllt, und setzt sich fort mit dem eineinhalbjährigen Jungen, der, sobald er sieht, dass seine Mutter zu kochen anfängt, einen Stuhl herbeischleppt, um sich, auf dem Stuhl stehend, an den anfallenden Tätigkeiten zu beteiligen. Das Mitmachen ist in einer amerikanischen Studie genauer untersucht worden. Dabei zeigte sich, dass Kinder im Alter von eineinhalb bis zwei Jahren, wenn man sie lässt, zu Hause und im Labor den Eltern und auch einer fremden Person bei einer großen Zahl einfacher Haushaltstätigkeiten wie Fegen, Aufräumen, Tischdecken aus eigenem Antrieb und engagiert helfen. Etwa im gleichen Alter wird das Kind auch zur Umkehrform des absichtsvollen Mitmachens fähig: Eine britische Untersuchung hat erbracht, dass Kinder bereits ab eineinhalb Jahren im Bedarfsfall Erwachsene aktiv um Unterstützung bei einer eigenen Tätigkeit bitten können.[7]

Daraus ist zu ersehen, dass sich im zweiten Lebensjahr sowohl kognitiv als auch motivational ein Entwicklungsschritt vollzieht, der für das Lernen im Bereich produktiver Tätigkeiten von größter Bedeutung ist:

1. Das Kind wird zum lehrlingsartigen Lernen fähig. Es erwirbt ein zunehmendes Verständnis für die Weite und Komplexität der Erwachsenentätigkeiten, die es z.T. durch Nachmachen, in ihren komplexeren Formen aber nur durch angeleitetes Mitmachen erlernen kann. Dem Kind öffnet sich damit ein großes Potenzial an Erfahrungen, die auch der motorischen, besonders der feinmotorischen, und der kognitiven Entwicklung dienen.[8]
2. Es entsteht eines der mächtigsten Lernmotive der Kindheit. Die von Geburt an vorhandene Neugier, die

die Wahrnehmung und die taktile Exploration des ersten Lebensjahres geleitet hat, erweitert sich zu dem Leistungsmotiv, selbst auch zu können, was die Eltern und andere Erwachsene können; das Kind möchte so groß sein wie sie. Dieses Leistungsmotiv fördert in einem kaum zu überschätzenden Maße das Lernen am Modell und ist ein bedeutender Bestandteil der Identifizierung des Kindes mit den Eltern und anderen wichtigen Erwachsenen.

Dieser kognitive und motivationale Entwicklungsschritt, der bei den Naturvölkern ein reiches Betätigungsfeld vorfindet, stößt in Gesellschaften unseres Typs auf erhebliche Hindernisse und Einschränkungen, und zwar aus folgenden Gründen:

1. Ein großer Teil der Dinge, die die Erwachsenen in hochtechnisierten Gesellschaften verwenden, sperrt sich dem Forschungs- und Betätigungsinteresse des Kleinkindes. Ihre Verwendung stellt zu hohe geistige oder technisch-praktische Anforderungen, als dass es viel mit ihnen anfangen oder man es an der normalen Verwendung beteiligen könnte. Das ist z.B. bei allen Arten von Schriften, bei Schreibmaschine und Computer – zumindest als Arbeitsinstrument –, bei Auto, Heimbohrer und vielen anderen haustechnischen Geräten der Fall. Technische Geräte sperren sich dem Interesse des Kleinkindes manchmal auch aus dem entgegengesetzten Grund: ihre Verwendung ist zu simpel, ihr Anforderungspotenzial zu gering. Das gilt für alle Geräte, deren Verwendung allein im An- und Ausschalten besteht, für das elektrische Licht, den Heizkörper. Im Alter von neun Monaten kann sich ein Kind an so etwas noch lange Zeit vergnügen, ein Eineinhalbjähriger aber würde sich langweilen.
2. Eine weitere Kategorie von Dingen und Tätigkeiten, zu denen auch viele Dinge der vorgenannten Kategorie gehören, ist mit Gefahren verbunden. Der Umgang mit diesen Dingen wird typischerweise durch Verbot oder Unzugänglichmachung unterbunden. Es handelt sich dabei sprichwörtlich um Dinge wie Messer, Gabel, Schere und Licht, wobei bei Licht sowohl an Elektrizität als auch an Feuer zu denken ist. Unterbunden werden ferner bestimmte Tätigkeiten, z.B. risikobehaftetes Klettern.
3. Bei den Dingen und Tätigkeiten, die noch übrig bleiben, wird das Kleinkind von den Eltern häufig als Störfaktor angesehen. Dazu zählt vor allem die Arbeit im Haushalt. Die Eltern aus der amerikanischen Studie, die ich oben erwähnt habe, berichteten der Forscherin, dass sie das Mitmachen des Kleinkindes nach Möglichkeit umgehen; sie erledigen Hausarbeiten vorzugsweise dann, wenn das Kind ein Schläfchen macht. Ich fürchte, dass das in Amerika wie bei uns sehr verbreitet ist, wenn nicht gar überwiegend der Fall ist. Erwachsene wollen viele Tätigkeiten, die für das Kleinkind atemberaubend neu und interessant sind – man denke nur an den Besuch eines Supermarkts mit seiner faszinierenden Vielfalt – möglichst zügig und perfekt erledigen. Das Kleinkind hält auf, es macht alles noch unvollkommen, und oft artet die ernste Tätigkeit in ein chaosverbreitendes Spiel aus.

Die Erkundungs- und Betätigungsinteressen des Kleinkindes laufen also weitgehend leer, soweit sie sich auf den für es sichtbaren Tätigkeitsbereich der Erwachsenen beziehen. Soweit sie sich auf die umgebende Natur oder die städtische Umgebung richten, haben sie es mit einem im Vergleich zu den Naturvölkern außerordentlich verarmten, teilweise geradezu sterilen Lebensbereich zu tun, der zu allem Überfluss auch noch durch Verbote aller Art weiter eingeschränkt ist.

Was dem Kleinkind in Gesellschaften unseres Typs bleibt, ist dreierlei:

1. Es bleibt im Wesentlichen eine einzige produktive Tätigkeit, die zum Bereich Kunsthandwerk zählt: das Basteln. Da beim Basteln jedoch typischerweise nur wenige und meistenteils sehr simple Materialien zum Einsatz kommen, kann es den Ausfall anderer produktiver Tätigkeiten, wie sie etwa dem Kind der Naturvölker offen stehen, nicht im Mindesten ausgleichen. Das hiesige Basteln weist ferner den zusätzlichen Nachteil auf, dass die Dinge, die das Kind dabei herstellt, außer an Weihnachten und Ostern in der Erwachsenenwelt keine Rolle spielen – und auch dann oftmals nur dem Kind zuliebe.
2. Das Spiel, sei es als Spiel allein, mit anderen Kindern oder mit Erwachsenen, mit und ohne Spielzeug.
3. Die mediatisierte Erfahrung, die im Kleinkindalter außer dem Bilderbuchanschauen vor allem in Fernsehkonsum besteht.

Diese Tatbestände stellen eine ausgesprochene Mangelsituation dar. Ich habe sie bislang allein in Bezug auf die familiäre Umwelt beschrieben; es ändert sich aber nichts Wesentliches, wenn das Kind in den Kindergarten und in die Schule eintritt, sofern diese Organisationen in herkömmlicher Weise gestaltet sind. Die Natur- und Produktionserfahrungen des Kindes ab dem Alter von ungefähr eineinhalb Jahren weisen in Gesellschaften unseres Typs in allen wesentlichen Hinsichten, die ich am Beispiel der Jatmul dargestellt habe, erhebliche Defizite auf:

1. Das Kind macht deutlich weniger naturwissenschaftliche Grunderfahrungen.
2. Es macht nur minimale Produktionserfahrungen, sodass zu erwarten ist, dass seine naturwissenschaftlichen Grunderfahrungen nicht nur mengenmäßig geringer, sondern auch weniger tief sind.
3. Es entbehrt weitgehend der Unterstützungserfahrung des lehrlingsartigen Lernens und des darin enthaltenen Lernpotenzials. Gelegenheit zu diesem Lernen gibt es fast nur im Zusammenhang der Basteltätigkeiten und beim motorischen Lernen: in der tätigen Anleitung und Unterstützung beim Fahrradfahren und dergleichen sowie beim Erlernen von Sportarten.
4. Die allermeisten Tätigkeiten des Kindes haben entweder nur einen geringen oder einen nur mittelbaren Bezug zur Lebenswelt der Erwachsenen. Nur wenig von dem, was es tut, ist für die Erwachsenen unmittelbar nützlich; und nur wenige seiner Tätigkeiten werden auch von Erwachsenen ausgeübt. Was es lernt und tut, bereitet nur vor bzw. überbrückt nur, bis es dereinst ein Erwachsener sein wird. Das Kind ist daher einer wichtigen Quelle des Selbstwertgefühls und des Bewusstseins eigener Fähigkeiten weitgehend beraubt. Für die Kinder der Jatmul, die so weit sind, dass sie einen eigenen Garten anlegen, Sagofladen backen und ein Kanu bauen können, ist das ein wesentlicher Bestandteil ihres Selbstbewusstseins, wie sich in ihren Gesprächen mit der Ethnologin zeigt. Dem Kind unserer Gesellschaft fehlen dagegen derartige Erfahrungen und Befriedigungen in hohem Maße. Nach Hartmut von Hentig ist das eines der gravierendsten Versäumnisse der herkömmlichen Schule.[9] Ich möchte hinzufügen: auch ein Versäumnis von Elternhaus und Kindergarten.[10]

All diese Defizite können durch Spiel und mediatisierte Erfahrung nicht ausgeglichen werden, vielmehr erleiden Spiel und Mediennutzung infolge dieser Defizite ihrerseits Einbußen. Dasselbe gilt für den schulischen Unterricht, der in den letzten Jahrzehnten, von innovativen Schulen abgesehen, mehr denn je zu einem Buch- und theoretischen Lernunterrricht geworden ist.

Um diese Thesen näher ausführen zu können, möchte ich zunächst eine grundsätzliche Bemerkung zu den Medien, speziell zum Fernsehen, machen. Die zusammenfassende Analyse von gut vierzig Jahren psychologischer Fernsehkonsumforschung hat ergeben, dass zu einer generellen Ablehnung des Fernsehens im Kindesalter kein Grund besteht.[11] Huston und Wright kommen zu dem Ergebnis, dass der Einfluss des Fernsehens auf die kognitive Entwicklung des Kindes in erster Linie vom Inhalt der Sendungen, ferner auch von der Quantität des Konsums abhängig ist, nicht jedoch vom Medium per se. Fernsehen kann auch für Kinder ein wirkungsvolles Lehrmedium sein. Insbesondere die oft zu hörende Befürchtung, dass das Fernsehen die Unterscheidung zwischen Wirklichkeit und Fiktion zerstören könne, ist grundlos. Diese fundamentale kognitive Fähigkeit, die in ihrer ersten Form wahrscheinlich bereits im Verlauf des zweiten Lebensjahres auftritt, erweitert und stabilisiert sich allein gemäß der kognitiven Entwicklung; Ausmaß und Inhalte des Fernsehkonsums haben nachweislich keinen Einfluss darauf. Dass das Kleinkind die Bilder auf der Mattscheibe zunächst als reale Figuren im Fernsehkasten ansieht, ist nichts Besonderes. Beim Puppenspiel muss es auch erst einmal begreifen lernen, dass es nicht Kasperle selbst ist, der auf die Warnrufe und Ratschläge aus dem Publikum reagiert oder auch nicht reagiert. Umgekehrt spielt gerade das Vorhandensein der Fähigkeit, zwischen Realität und Fiktion zu unterscheiden, eine wesentliche Rolle dabei, dass unmittelbare Natur- und Produktionserfahrungen, die ja Wirklichkeitserfahrungen sind, durch Spiel und Medien nicht kompensierbar sind und dass infolge der Defizite in jenem Bereich auch diese Erfahrungs- und Betätigungsformen Einbußen erleiden.

Für diese Thesen möchte ich folgende Gründe anführen:

1. Der gegenwärtige Stand des entwicklungspsychologischen Wissens spricht dafür, dass Fantasietätigkeit später als Wirklichkeitserfahrung einsetzt und nicht, wie die

klassische Psychoanalyse angenommen hat, gleichzeitig mit ihr in Funktion tritt oder ihr sogar vorausgeht.[12] Die Fantasietätigkeit hat offenbar Wirklichkeitserfahrung zur Voraussetzung. Nun könnte man allerdings meinen, dass die Grunderfahrungen der ersten eineinhalb Lebensjahre ein ausreichendes Fundament seien, sodass Fantasie, Spiel und auch mediatisierte Erfahrung ab der Kleinkindphase einen gleichwertigen Ersatz für den Ausfall an Natur- und Produktionserfahrungen darstellen würden, den ich beschrieben habe. Das ist aber nicht der Fall, und zwar in zweierlei Hinsicht nicht. Zum einen können sich die Fähigkeiten der praktischen Lebensbewältigung während der gesamten Entwicklung des Kindes im Medium des Vorstellens und der Fantasie allein nicht ausbilden. Die praktische Auseinandersetzung mit der Wirklichkeit ist die primäre und zentrale Quelle von Kreativität im Sinne lebenspraktischer Problemlösung. Erst in späten Phasen der kognitiven Entwicklung wird Fantasie zu einer eigenständigen, zusätzlichen Quelle dieser Art Kreativität.[13] Zum anderen benötigen Fantasie und Spiel zumindest im Kindesalter zur Anregung und Bereicherung immer wieder Wirklichkeitserfahrung, die dem jeweiligen Entwicklungsstand entspricht. Je ärmer diese ist, desto ärmer sind auch Fantasie und Spiel. Man kann Kinder in der Nichtigkeit ihrer Selbstbeschäftigung verhungern lassen.[14] Das ist, so scheint mir, einer der Mängel des Situationsansatzes in der Frühpädagogik, wie er bislang praktiziert wird.[15]

2. Der Vorrang der Wirklichkeitserfahrung gründet darin, dass die praktische Auseinandersetzung mit der Wirklichkeit die intensivste Form von Erfahrung ist. Nur in ihr ist Interaktivität gegeben. Nur hier gibt es Einwirkungen auf Dinge, Pflanzen, Tiere und Menschen, die höchst komplexe und für das Kind unvorhersehbare Rückwirkungen nach sich ziehen und damit das weitestgehende Wissen und Verstehen ermöglichen. Im Spiel fehlen die Rückwirkungen, bei den Medien fehlt die Möglichkeit der Einwirkung, sieht man von interaktiver Telekommunikation einmal ab. Mediale Einweg-Informationsvermittlung hat drei erhebliche Nachteile: Der Empfänger steht als Zaungast außerhalb des Geschehens; er hat weder die Macht, darin einzugreifen, noch Verantwortung für das, was geschieht. Ferner weicht medial aufbereitete Information oftmals von unmittelbarer Erfahrung in ähnlicher Weise ab wie das Gerücht von der Realität, das heißt, an die Stelle komplexer Sachverhalte treten vereinfachte Stereotype.[16] Schließlich ist mediale Information häufig zerstückelt, von ihrem Zusammenhang isoliert und daher ohne fundierende Wirklichkeitserfahrung oder entsprechende Erklärungen durch andere in ihrer Bedeutung und Wichtigkeit nicht einschätzbar.

3. Das Spielen mit Spielzeug wird bereichert, wenn es mit produktiver Tätigkeit verknüpft ist, d.h. wenn das Kind an der Herstellung des Spielzeugs beteiligt ist oder es allein herstellt. Es ist nur konsequent, dass eine Gesellschaft das Kind, das es von der Teilnahme und in weitem Maße sogar von der Beobachtung produktiver Tätigkeiten ausschließt, mit Fertigspielzeug versorgt. Das Verständnis des Spielzeugs – seiner Materialbeschaffenheit und seiner internen Funktionsweise – ist jedoch viel größer und die emotionale Bindung viel tiefer, wenn man es selbst hergestellt hat. In diesen Zusammenhang gehört auch die Möglichkeit, den eigenen Körper als Spielzeug zu nutzen. Infolge des Fertigspielzeugs ist auch diese Erfahrungsquelle, die zugleich eine bereichernde Form der Entwicklung körperlicher Fähigkeiten ist, weitgehend ausgetrocknet. Auch hier lohnt sich wieder ein Blick auf die Naturvölker. Bei den Kindern der Eipo, eines Naturvolks in Neuguinea, ist der eigene Körper das wichtigste Spielzeug.[17] Die Kinder dort kennen fünfzehn verschiedene Spiele, zu denen man nur Hände, Arme, Beine und den Mund braucht.

4. Je mehr dem Spiel mit Spielzeug reale Erfahrungen und insbesondere Produktionserfahrungen zugrunde liegen, umso mehr kann es der geistigen Verarbeitung dieser Erfahrungen dienen und sie damit stabilisieren. Für die Medienverwendung gilt das Gleiche. Wenn z. B. Fernsehsendungen über Tiere an reale Erfahrungen des Kindes mit Tieren anknüpfen können, dann können sie zur Vertiefung und Stabilisierung dieser Erfahrungen genutzt werden; eingebettet in eine reichhaltige unmittelbare Erfahrung ist die mediale Information realitätsgerecht und kritisch auswertbar.

Zusammengefasst: Die Defizite an unmittelbarer Natur- und Produktionserfahrung, die Überstrapazierung von Fantasie und Spiel, die Überflutung mit Informationen, die keinen direkten Bezug zur eigenen Lebenssituation haben, der Mangel an lehrlingsartigem Lernen und ein erfahrungsarmer, primär sprachlich-literarisch-mathematischer schulischer Unterricht begünstigen eine Mentalität, die ein von der Wirklichkeit abgehobenes Denken und eine entsprechende Kultur höher bewertet als praktisches Handeln und die hinsichtlich der Fähigkeit, individuelle und gesellschaftliche Lebensprobleme kreativ zu bewältigen, unterentwickelt ist. Bei der Entstehung dieser Mentalität spielen allerdings auch weitere soziale Faktoren eine Rolle, die ich hier nicht behandle.

Möglichkeiten ausreichender Natur- und Produktionserfahrung für Kinder in unserer Gesellschaft

Um die Defizite an Natur- und Produktionserfahrung zu beheben, ist es keineswegs notwendig, zu den Lebensbedingungen eines Naturvolks oder anderer traditioneller Gesellschaften zurückzukehren. Es besteht auch kein Grund, die Lebensweise insbesondere von Naturvölkern als heile Welt anzusehen.[18] Selbst bei den in der Tat vorbildlichen Natur- und Produktionserfahrungen ihrer Kinder sind Verbesserungen möglich. Unsere Gesellschaft hat auch ohne grundlegende Veränderungen ein beträchtliches Potenzial, den hier vorgestellten Grundgedanken zu verwirklichen, der zugleich der Grundgedanke des Konzepts der Natur-Kinder-Garten-Werkstatt ist: dass das Kind in ausreichendem Maße Natur- und Produktionserfahrungen machen kann, die in Komplexitätsgrad und Anforderungsprofil den verschiedenen Phasen seiner Entwicklung entsprechen. Anregende, entwicklungsfördernde Wirklichkeitserfahrungen zu ermöglichen – im genannten Bereich und natürlich auch im Bereich des Sozialen –, ist eine der wichtigsten pädagogischen Aufgaben. Die vorhandenen Organisationen (Kindergarten, Hort und Schule) sind grundsätzlich geeignete Orte dafür; und auch im Familienleben lassen sich die Bedingungen dafür erheblich verbessern.
Zunächst zu den Möglichkeiten in der *Familie:* Wenn der kleinkindliche Forscher merkt, dass er für weitere Lernfortschritte in die Lehre gehen sollte, ist zu wünschen, dass die Eltern, die sich zuvor bereitwillig als Forschungsassistenten betätigt haben, nun ebenso bereitwillig die Aufgabe eines Lehrmeisters übernehmen. Im Hinblick auf Natur- und Produktionserfahrungen geht es um zweierlei: zum einen darum, das Kind an häuslichen Erwachsenentätigkeiten zu beteiligen, die hinsichtlich verwendeter Materialien, Werkzeuge und Verfahren ausreichend komplex sind, und es bei komplexeren Tätigkeiten entsprechend anzuleiten und zu unterstützen. Viele der anfallenden Tätigkeiten sind dazu geeignet: typische Haushaltsarbeiten, ferner Tätigkeiten wie das Tapezieren eines Zimmers, einfache Reparaturarbeiten etc. Darüber hinaus können natürlich die meisten der zum Konzept der Natur-Kinder-Garten-Werkstatt gehörenden Tätigkeiten mit dem Kind auch im häuslichen Bereich ausgeführt werden. Zum anderen geht es darum, dem Kind die Welt der mit Gefahren verbundenen Dinge und Tätigkeiten im häuslichen Umfeld so weit wie vertretbar zugänglich zu machen. Man kann das Kleinkind eigenständig Erfahrungen mit kleineren Gefahren machen lassen und es an größere Gefahren schrittweise heranführen. Schiefenhövel gibt die folgende, bewusst vorsichtig gehaltene Empfehlung: «Anderthalbjährige können bereits bestens mit Gabeln essen, die abgerundeten Tischmesser stellen praktisch überhaupt keine Gefahr dar, einem sitzenden Zweijährigen mit normal ausgebildeter Feinmotorik würde ich ohne Zögern eine Schere in die Hand geben und spätestens Vierjährige an den funktionsgebundenen Gebrauch von Feuer gewöhnen.»[19] Das Heranführen an Dinge und Tätigkeiten, die mit Gefahren verbunden sind, erweitert nicht nur die Möglichkeiten des Kindes zum Nachmachen und Mitmachen, sondern sein Gefahrenbewusstsein und seine Fähigkeit zur Gefahrenbewältigung werden ebenfalls verbessert. Bei den Fore z. B. haben die ohne Aufsicht spielenden und umherziehenden Kleinkinder ein ausgeprägtes Risikobewusstsein.[20] Sie lassen sich bei ihren Aktivitäten keineswegs auf Gefahren ein, die sie nicht zuvor abgeschätzt haben. Gedankenlos-unbekümmerte Selbstgefährdung kommt dagegen häufig gerade bei Kindern unserer Gesellschaft vor, wenn sie – und weil sie – einmal von der Leine der elterlichen Kontrolle losgelassen worden sind.
Mit dem Eintritt in *Kindergarten*, *Schule* und *Hort* kann die Natur-Kinder-Garten-Werkstatt in der ganzen Fülle ihrer bisherigen Ausarbeitung genutzt werden. In ihr wird zum einen auf vorindustrielle produktive Tätigkeiten – und entsprechend auf vorindustrielle Werkzeuge

und Geräte – unserer eigenen Gesellschaft zurückgegriffen, die nicht mehr oder allenfalls im Freizeitbereich gelegentlich ausgeübt werden; zum anderen werden heute verbreitete Tätigkeiten aufgegriffen, sofern sie unter dem Gesichtspunkt von Komplexität und Anforderungsprofil geeignet sind. Zu Letzterem gehören insbesondere auch Umweltschutz- und Umweltverbesserungsmaßnahmen. Die Natur-Kinder-Garten-Werkstatt ist ein offenes, jederzeit erweiterbares Programm von Arbeitsthemen, in das überdies auch weitere Alters- und Bevölkerungsgruppen einbezogen werden können. Sie steht in der Tradition der seit Beginn des letzten Jahrhunderts vielfältigen Bemühungen um ein praktisches Lernen[21] und verdankt insbesondere der Montessori- und der Waldorfpädagogik wichtige Anregungen.

Die naturbezogenen Erfahrungen, die das Kind in den verschiedenen Themenfeldern dieses Programms machen kann, weisen eine bemerkenswerte Reichhaltigkeit auf; sie sind wie auch beim Kind der Naturvölker physikalischer, biologischer und chemischer Art. Ebenso umfassen die produktiven Tätigkeiten alle Bereiche, die ich oben am Beispiel der Jatmul dargestellt habe:

- Nahrungsbeschaffung; in erster Linie in Form des Gartenbaus
- Hauswirtschaft; das Tätigkeitsspektrum ist hier deutlich größer als bei den Jatmul, weil unsere Kultur mehr Formen der Nahrungszubereitung kennt
- Handwerk; Herstellung von zweckbezogenen Gebrauchs- und Verbrauchsgütern, Hausmodellbau und Herstellung eigenen Spielzeugs
- Kunsthandwerk und künstlerische Tätigkeit; vor allem Basteln, Malen.

Es kommt ein weiterer Bereich hinzu, der bei den Jatmul keine Rolle spielt:

- Umweltschutz; Tierschutz, ökologisch verbesserte Anlagen- und Landschaftsgestaltung.

Die elterliche Lehrmeistertätigkeit und mehr noch das professionelle pädagogische Vorgehen der Natur-Kinder-Garten-Werkstatt geben reichlich Gelegenheit dazu, das lehrlingsartige Lernen für die kindliche Entwicklung stärker zu nutzen – als notwendige Ergänzung zur Lernform des verbalen Unterrichtens. Das lehrlingsartige Lernen kann überdies gegenüber der Form, in der es bei Naturvölkern und anderen traditionellen Gesellschaften gestaltet wird, noch verbessert werden. Die weitgehende Konzentration auf nonverbale Vorgänge schließt nämlich lernförderliche Ergänzungen in Form von sprachlichen Erklärungen und Erläuterungen unnötigerweise aus.[22] Im Idealfall geht das lehrlingsartige Lernen des Kindes im Großen und Ganzen ähnlich vor sich, wie es für den jugendlichen oder erwachsenen Lehrling vorteilhaft ist: «Der Meister ist für seinen Lehrling zum einen ‹Vorbild› (Modell); im günstigsten Fall nicht nur dadurch, dass er seinem Beobachter demonstriert, wie er als Experte Probleme löst, sondern zusätzlich dadurch, dass er ... hörbar über seine Gedanken, Vermutungen, Bedenken usw. beim Problemlösen spricht. Der Meister ist zum anderen ein ‹Trainer› (Coach), der seinem ‹Schüler› bei der Arbeit zuschaut und ihm positive und negative Rückmeldungen gibt. Die Einweisung in den Problembereich erfolgt durch erfahrene Vertreter eines Faches, also durch Personen, die hervorragende Möglichkeiten besitzen, die Rolle von Tutoren zu übernehmen, um Lernende in das Gebiet ihrer beruflichen Tätigkeit einzuführen. Sie übertragen dem Lehrling zunächst relativ leichte Aufgaben, die sie allmählich – entsprechend dem Lernfortschritt – durch schwierigere, komplexere Aufgaben ersetzen.»[23]

Das lehrlingsartige Lernen, zumal in dieser elaborierten Form, weist drei äußerst bedeutsame Vorteile auf:

1. In Gestalt dieses Lernens wird der wichtigste Faktor kindlichen Lernens und Reifens in hervorragender Weise realisiert: «die Erfahrung, die (das Kind) selber macht: der Umgang mit Menschen, Probieren und Hantieren, Einblicke in wirkliches, fassbares Geschehen».[24]

2. Mit dem lehrlingsartigen Lernen ist ipso facto eine wichtige Lernbedingung gegeben, die gleichzeitig motivational und kognitiv höchst förderlich ist: Das Lernen findet im natürlichen Kontext, im Zusammenhang der Dinge statt. Das bedeutet zum einen, dass Sinn und Zweck des zu Lernenden, sein Bezug zur Lebenswelt transparent sind; es bedeutet zum anderen, dass mit dem Erwerb des Wissens zugleich die Kenntnis erworben wird, unter welchen Bedingungen sich das Wissen sinnvoll anwenden lässt. An beidem – am Bewusstsein der Relevanz und am Applikationswissen – mangelt es in den oftmals künstlichen Situationen des schulischen Unterrichts.[25]

3. Der Wunsch, so groß zu sein bzw. zu werden wie die Erwachsenen, der, wie bereits gesagt, zu den stärksten Lernmotiven der Kindheit gehört, kann seine wichtigste unmittelbare Befriedigung in produktiven Tätigkeiten finden und am meisten in Tätigkeiten, die auch die Erwachsenen ausführen. Vieles von diesem Wunsch ist zunächst nur in der Fantasie und im Fantasiespiel erreichbar: die Körpergröße und Stärke eines Erwachsenen zu haben, zu heiraten und Kinder zu bekommen usw.
Aber im Bereich alltäglicher produktiver Tätigkeiten kann das Kind erste reale Schritte zu seinem großen Ziel hin tun – teils allein, wenn es das entsprechende Angebot und die Freiheit dazu hat, teils mit Anleitung und Unterstützung. Hier ist reales Nachmachen und Mitmachen möglich und damit eine erste Form der Erfahrung, Wertvolles, Nützliches für andere zu tun. In der mittleren Kindheit und im Jugendalter kann diese Erfahrung erweitert und vertieft werden. Das Kind muss sich dann nicht als ein Familien- und Gesellschaftsmitglied fühlen, das fast nur bekommt und kaum etwas zu geben hat, das nur für eine ferne Zukunft lernt, sondern als eines, das auch schon gebraucht wird.
Unter diesen motivationalen und kognitiven Gesichtspunkten sind im Rahmen der Natur-Kinder-Garten-Werkstatt solche Tätigkeiten optimal, die auch im normalen Erwachsenenleben unserer Gesellschaft eine Rolle spielen. Dagegen ist der Bezug zur Lebenswelt der Erwachsenen bei denjenigen vorindustriellen handwerklichen Tätigkeiten und Techniken zweifellos geringer, die allein für die Zwecke der pädagogischen Arbeit wiederbelebt werden. Die Kinder erwerben durch sie keine oder kaum berufliche Qualifikationen, die derzeit in unserer Gesellschaft verwendbar wären. Dennoch haben auch sie einen bedeutsamen Bezug zur Erwachsenenwelt: Die meisten Produkte derartiger Tätigkeiten sind – anders als die dürftigen herkömmlichen Bastelergebnisse – auch für Erwachsene vollwertige Produkte, die diese sinnvoll verwenden können. Darüber hinaus ist die praktische Erfahrung mit vorindustriellen handwerklichen Tätigkeiten und Techniken für Probleme unseres Erwachsenenlebens sehr bedeutsam.

Die Bedeutung der Natur-Kinder-Garten-Werkstatt für die Erwachsenenpersönlichkeit und die Bewältigung aktueller gesellschaftlicher Probleme

Natur- und Produktionserfahrungen aus erster Hand in der Kindheit, wie sie durch die Natur-Kinder-Garten-Werkstatt ermöglicht werden, können positive Auswirkungen auf die Erwachsenenpersönlichkeit haben und insbesondere darauf, wie Erwachsene mit aktuellen gesellschaftlichen Problemen umgehen. Einige mir besonders wichtig erscheinende Punkte möchte ich in zwei Thesen zusammengefassen:
1. Die Natur-Kinder-Garten-Werkstatt ist förderlich für ein besseres Verständnis unserer wissenschaftlich-technischen Zivilisation und kann dadurch das ökologische Problembewusstsein vertiefen.
2. Die Natur-Kinder-Garten-Werkstatt fördert die Ausbildung von Erkundungs- und Betätigungsinteressen, die im Erwachsenenleben Tätigkeiten wiederbeleben können, die heute als antiquiert gelten. Diese Interessen können einen – wenn auch bescheidenen – Beitrag zur Lösung zweier zentraler gesellschaftlicher Probleme leisten:
- Sie stärken die bisher mangelhafte Motivation zu nachhaltigem, ökologisch verträglichem Wirtschaften.
- Sie verbessern die psychologischen Voraussetzungen dafür, den Weg zu einer anderen, neuen Arbeits- und Tätigkeitsgesellschaft zu gehen.

Ehe ich diese Thesen kurz zusammenhängend erläutere, sei auch hier angemerkt, dass bei den genannten Problemen psychische und soziale Faktoren ebenfalls eine große Rolle spielen, auf die ich nicht eingehe.
Die Erfolge von Naturwissenschaft und Technik haben dazu geführt, dass wir in einem gewissen Maße in einer quasi-magischen Welt leben. Damit meine ich, dass viele Wunschträume vergangener Zeiten, die z.B. in Märchen zum Ausdruck kommen und dort durch Zauberhand verwirklicht werden, heute auf technische Weise verwirklicht sind. Wir brauchen nur eine Dose zu öffnen, den Inhalt in einen Topf zu schütten, einen Schalter zu betätigen, und schon fliegen uns die gebratenen Tauben in den Mund. Wir haben ständig dienstbare Geister zu unserer Verfügung, die allerdings nicht in

zu entkorkenden Flaschen auf uns warten, sondern als kompakte Apparate in und vor unserem Haus bereitstehen. Wir brauchen nur einen Zündschlüssel zu drehen, und schon bewegt uns ein gefügiger Geist mit seinen Riesenkräften von Ort zu Ort. Wir brauchen nur einen Anruf zu tätigen und uns zu einer bestimmten Stätte zu begeben, und schon trägt uns das Nachfolgemodell des fliegenden Teppichs über Länder und Ozeane.

Diese Quasi-Magie, die wir der modernen Wissenschaft und Technik verdanken, trifft überwiegend auf eine Mentalität, die sich so verhält, als handle es sich hier tatsächlich um Magie. Diese Mentalität ist unter anderem durch zwei Grundzüge charakterisiert, die einen Bezug zu Natur- und Produktionserfahrungen haben: durch Technik-Analphabetismus und durch ein technikbezogenes Grandiositätserleben.

Zunächst zum *Technik-Analphabetismus:* Wie eingangs ausgeführt, geht der Mangel an unmittelbarer Produktionserfahrung in der Kindheit damit einher, dass es im Sachbereich Produktion offenbar zu keiner Ausbildung starker Wissens- und Verstehensinteressen kommt. Erwachsene wissen und verstehen im Allgemeinen von Techniken und von der technischen Organisation unseres Lebens kaum mehr als Kinder, außer im Bereich ihrer spezifischen Berufstätigkeiten. Diese Interesselosigkeit und Unwissenheit begünstigt eine Gebrauchs- und Verbrauchshaltung, die die Segnungen der Technik ohne weiteres Nachdenken genießt und z.B. Energie selbst da verschwendet, wo man nicht einmal etwas davon hat. Der Technik-Analphabetismus ist meines Erachtens ein Grund dafür, dass das ökologische Problembewusstsein in weiten Kreisen noch so oberflächlich, noch so sehr auf besinnliche Stunden beschränkt ist, dass es in die alltägliche Energie- und Techniknutzung nicht eingreift. Die Natur-Kinder-Garten-Werkstatt kann dem entgegenwirken, weil sie starke Anregungen dazu bietet, sich für technische Zusammenhänge auch jenseits der eigenen beruflichen Qualifikation zu interessieren, und weil sie Grunderfahrungen zu einem umfassenden Technikverständnis bietet. Mit Grunderfahrung meine ich hier mehr als Erfahrungen, die alle Sinne einschließen. Die Natur-Kinder-Garten-Werkstatt bietet Grunderfahrungen auch in dem Sinne, dass die Grundstrukturen des technischen Handelns und der technischen Entwicklung erfahren werden und infolgedessen verstanden werden können. Es ist kein Zufall, dass die Roh- und Werkstoffe, die Werkzeuge und Geräte, deren Verwendung Kinder unmittelbar verstehen und für die sie sich spontan interessieren, den einfacheren technischen Entwicklungsstufen entnommen sind, die in vorindustrieller Zeit vorherrschend waren. Technische Entwicklung ist ein kumulativer Prozess der Machtsteigerung, der seinen Ausgang von einigen wenigen Grundsituationen oder Grundproblemen genommen hat. Eine der elementarsten und für Kinder unmittelbar verständlichen ist die, dass unmittelbar verfügbare Roh- und Werkstoffe wie Holz, Pflanzenfasern und Stein mit einfachen Werkzeugen aus Stein oder Holz unter Einsatz von Muskelkraft und geistiger Kraft bearbeitet werden.[26]

Das Prinzip der technischen Entwicklung besteht darin, dass jeder Bestandteil dieser Grundsituation – grob gesprochen: Stoffe, Werkzeuge, physikalisch-chemische Kraft und geistige Kraft – durch Erfindungen zweckdienlicher und leistungsfähiger gemacht wird. Dabei bleiben Grundstrukturen des technischen Handelns erhalten. Wer z.B. die verschiedenen Schritte der Wollwerkstatt versteht, versteht auch die modernste Textilfertigung in ihrer Grundstruktur. Die Natur-Kinder-Garten-Werkstatt ermöglicht daher ein Grundverständnis von technischem Handeln und technischer Entwicklung innerhalb des Spektrums vorindustrieller Techniken. Darauf aufbauend könnte u.a. in der Schule ein Verständnis der komplexeren Techniken und der technischen Organisation unseres Lebens bis hin zur gegenwärtigen technologischen Revolution, deren Basistechnologie die mikroelektronische Informationsverarbeitung ist, vermittelt werden. Die Natur-Kinder-Garten-Werkstatt bietet den Grundstock für ein Verständnis von Technik und technischer Organisation, wie es im Prinzip jedes Mitglied der wissenschaftlich-technischen Zivilisation haben sollte, damit diese sich erhalten und an ökologische Erfordernisse anpassen kann.[27]

Selbst produzierte Geräte aus Holz, z.B. für das Gewinnen von Wollfäden, regen die praktische Intelligenz der Kinder an. >

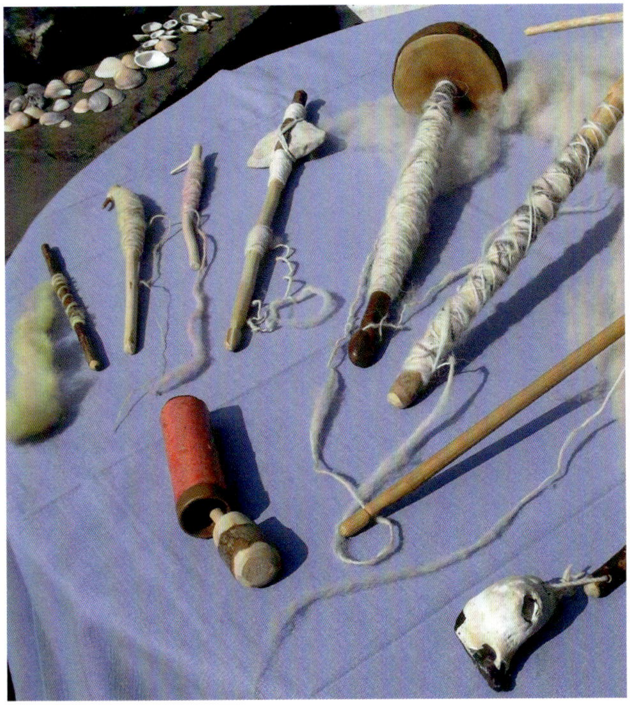

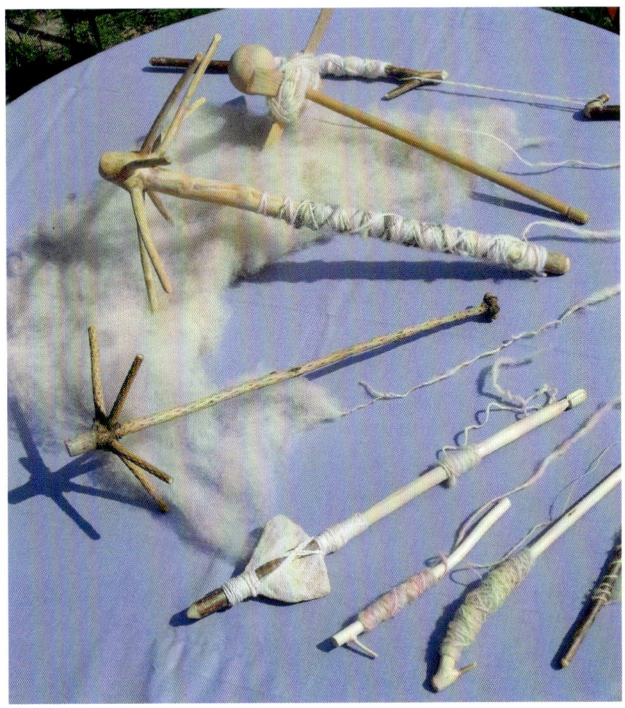

Nun zum technikbezogenen *Grandiositätserleben:* Wenn man den Menschen in seinem Verhältnis zur Technik im Verlauf der Geschichte betrachtet, fällt auf, dass er sich schwer damit tut, technische Erfindungen und sich selbst als Erfinder realistisch einzuschätzen. Von der Steinzeit bis zum ausgehenden Mittelalter wurden die wichtigsten technischen Fertigkeiten als göttlichen Ursprungs, als göttliche Gaben angesehen. In Verbindung mit den bedeutenden technischen und sozialen Neuerungen, die im Spätmittelalter eingesetzt haben, entstand dann in der Renaissance bei der geistigen Elite die Überzeugung, dass der Mensch selbst schöpferisch und darin Gott gleich sei. Die Tendenz zur Selbstvergötterung hat sich mit der zweiten technologischen Revolution, die das Industriezeitalter eingeläutet hat, verstärkt und verbreitet. Sie ist auch heute noch aktuell: Mutschler hat anhand der Autobiografien bedeutender Ingenieure und Erfinder, die in den letzten hundert Jahren gelebt haben oder noch leben, gezeigt, dass viele technische Pioniere sich als so etwas wie Juniorgötter verstehen.[28] Von der Grandiosität des wissenschaftlich-technischen Pioniers profitiert auch der Technik-Analphabet; dessen Glanz strahlt auf ihn ab. Er genießt nicht bloß die Segnungen der Technik, sondern es macht für ihn auch etwas her, die technischen Errungenschaften zur Verfügung zu haben und sein Leben jeweils auf dem neuesten technischen Stand führen zu können. Und je verschwenderischer er über diese Segnungen verfügen kann, desto großartiger ist auch er. Ich betrachte das technikbezogene Grandiositätserleben in diesen beiden Formen als einen der Hauptgründe dafür, dass neue technische Errungenschaften im Industriezeitalter meistens den Zeitgeist beherrscht haben, dass durch sie festgelegt war, was zeitgemäß, modern ist und was als rückständig, antiquiert gilt. Dabei ist allein von den technischen Errungenschaften her gar nicht einzusehen, warum man hier überhaupt die Bewertung von modern und antiquiert vornehmen sollte.

Unter dem Gesichtspunkt einer möglichst hohen Lebensqualität ist es jedenfalls vernünftiger, sie schlicht als Möglichkeiten zu betrachten, über deren Verwendung man nach ihren Vor- und Nachteilen entscheidet. Unter diesem Gesichtspunkt – wie auch unter dem Gesichtspunkt ökologischer Erfordernisse – könnte es sich durchaus gesellschaftlich als sinnvoll erweisen, partiell ältere Techniken und Produktionsformen etwa beizubehalten oder wiederzubeleben. Zu einer entsprechenden Einstellungsänderung kann die Natur-Kinder-Garten-Werkstatt beitragen. Ausgehend von den Bedürfnissen des Kindes schafft sie Erfahrungen mit vorindustriellen Tätigkeiten und praktische Naturerfahrungen, die auch für den Erwachsenen ein Befriedigungspotenzial enthalten. Auf diese Weise kann durch sie eine unter den genannten Gesichtspunkten vernünftige Bewertung alter und neuer technischer Mittel, alter und neuer Produktionsformen begünstigt werden; ebenso eine stärkere emotionale Bindung an die Natur, vor allem an die belebte, und insofern auch ein wirksameres Interesse daran, vorhandene Lebensmöglichkeiten zu erhalten.

Diese durch die Natur-Kinder-Garten-Werkstatt gebotenen Chancen sind in der gegenwärtigen Krise der modernen Gesellschaft als Arbeitsgesellschaft unmittelbar aktuell. In der Diskussion über die zukünftige gesellschaftliche Entwicklung sind viele Wissenschaftler und Politiker der Meinung, dass die Epoche der Lohnarbeitsgesellschaft mit lebenslanger Vollzeitarbeit ihrem Ende entgegengeht. Bei mehreren Vorschlägen zur Neugestaltung unseres Erwerbssystems spielt der Gedanke eine Rolle, das Prinzip der Selbstversorgung wiederzubeleben, das in vorindustrieller Zeit auch in unserer Gesellschaft eine große Rolle gespielt hat. Es gibt mehrere Konzepte einer sog. Dreizeitgesellschaft. Damit ist gemeint, das Arbeitsleben so umzugestalten, dass jeder gleichzeitig drei Arbeitsbereiche hat: Tage in einem Erwerbsberuf, Tage, die der Selbstversorgung dienen, und Tage für anderes, etwa soziale Dienste oder besondere Betätigungsinteressen. Bei der Selbstversorgung, für die Bergmann bezeichnenderweise ein Hightech-Niveau vorsieht,[29] und bei den Betätigungsinteressen bieten sich natürlich auch produktive Tätigkeiten unmittelbar an, wie sie in der Natur-Kinder-Garten-Werkstatt erlernt werden. In einer Gesellschaft, in der das Problem der Zeitersparnis immer mehr durch die Chance – und leider auch das Problem – abgelöst wird, Zeit befriedigend zu füllen, gewinnen produktive Tätigkeiten an Aktualität, die nicht nur nützliche Produkte erbringen, sondern auch als solche einen hohen Befriedigungswert haben.

Anmerkungen

1 So lautet der Titel eines Buches von Hartmut von Hentig (1987), das sich speziell mit den psychologischen und sozialen Folgen der neuen Medien befasst.

2 Der Begriff des Naturvolks ist in der Ethnologie der letzten Jahrzehnte zunehmend aufgegeben worden, weil auch in diesen Gesellschaften Technisierung und Urbanisierung um sich greifen. Man spricht stattdessen von traditionellen Gesellschaften – im Unterschied zu den modernen –, um hervorzuheben, dass im kulturellen Bereich dieser Gesellschaften viele vormoderne Traditionen erhalten bleiben. Für die Zwecke meines Themas behalte ich jedoch den Ausdruck Naturvolk bei, um Gesellschaften, die zumindest zum Zeitpunkt ihrer Erforschung steinzeitlichen Verhältnissen noch nahestanden, von den traditionellen Gesellschaften abzugrenzen, die sich modernen Gesellschaften schon erheblich stärker angeglichen haben.

3 Von F. Weiss (1981) liegt hinsichtlich der Lebensweise der Jatmul-Kinder eine besonders ausführliche Untersuchung vor.

4 Das Quantum an Arbeit, die Jatmul-Kinder leisten, ist nach den Berechnungen von Weiss (1981, S. 320 ff.) alles in allem gering. Die Arbeitszeit summiert sich im Jugendalter auf etwa vier bis fünf Stunden täglich und bei Kindern im Alter zwischen fünf bis zehn Jahren auf etwa ein bis zwei Stunden. Schulbesuch gab es zur Zeit der Untersuchung nur für wenige Jahre oder gar nicht. Jatmul-Kinder haben – oder hatten – daher insgesamt mehr freie Zeit als Schulkinder bei uns – Zeit, in der sie essen, spielen, dösen, plaudern, herumspazieren und faulenzen und in der sie sich auch zunächst spielerisch an produktiven Tätigkeiten versuchen. Bei den Jatmul geht es generell geruhsam zu; auch die Erwachsenen arbeiten deutlich weniger, als sie könnten.

5 Weiss 1981, S. 324.

6 Siehe Greenfield und Suzuki 1998.

7 Rogoff 1998, S. 707.

8 In Verbindung mit den ersten Formen des Sprechens, die im letzten Quartal des ersten Lebensjahres entstehen, wird das Kind zugleich auch zum Lernen durch sprachlich vermittelten Unterricht in ersten Ansätzen fähig. Darauf gehe ich hier aber nicht näher ein.

9 von Hentig 1993, S. 195; siehe auch Mietzel 1998, S. 14 f.

10 Das Verbot von Kinderarbeit war ein historischer Fortschritt angesichts des vor allem im 19. Jahrhundert verbreiteten Missbrauchs von Kindern, die wie Erwachsene arbeiten mussten. «Heute gehört die ‹Arbeitslosigkeit› oder Funktionslosigkeit von Kindern, ihre Nichtzugehörigkeit zu wichtigen Teilen unseres Lebens sowie ihre Einbeziehung in eine Genuss- und Konsumwelt, die nicht für sie taugt, zu den schwersten Problemen. Die bloße Verbannung von Arbeit, auch der Arbeiten des täglichen Lebens aus dem Alltag, ja aus dem Gesichtskreis der Kinder und Jugendlichen, erscheint im 20. Jahrhundert (und natürlich auch im 21., d. Vf.) pädagogisch nicht mehr sinnvoll» (Flitner 1999, S. 78 f.).

11 Huston und Wright 1998.

12 Dornes 1997, S. 86 ff.

13 Dafür sprechen auch Prozesse in der Menschheitsgeschichte, etwa der Verlauf der technologischen Entwicklung. Über Jahrzehntausende hinweg sind alle wichtigen technischen Erfindungen im Zusammenhang praktischer Erfahrungen und Probleme gemacht worden. Bis zur zweiten technologischen Revolution, d.h. bis zum Beginn des Maschinenzeitalters vor 200 Jahren, war technische Erfindung eine Sache der Praktiker und Tüftler. Erst seitdem ist Fantasie in der Form von Konstruktionsideen und -entwürfen, die allein auf theoretischer Basis entstanden sind, zu einem eigenen Motor technischer Entwicklung geworden (Mumford 1974).

14 von Hentig 1993, S. 217.

15 Eine differenzierte Bewertung des Situationsansatzes nimmt Krappmann (1995) vor.

16 In der Verbreitung eines Gerüchts wird der reale Sachverhalt sozusagen geschliffen: komplizierte Details gehen verloren, die Selektivität des Berichtens schafft eine künstliche Einheit des Handelns und Geschehens, die Intensität des Handelns wird übertrieben, und die Beteiligten werden zu Helden und Schurken idealisiert (Coleman ebd.).

17 Schiefenhövel 1979, S. 84.

18 Eine Tendenz zur Romantisierung von Naturvölkern findet sich interessanterweise nicht nur bei laienhaften Kennern, sondern ist mehrfach auch in ethnologischen Forschungen wirksam gewesen (s. Konner u. Shostak 1986).

19 Schiefenhövel 1979, S. 84.
20 Sorensen 1979, S. 301.
21 siehe Flitner 1999, S. 77 ff.
22 Das hängt damit zusammen, dass verbale Unterweisung und entsprechende kognitive Förderung bei Naturvölkern und traditionellen Gesellschaften, soweit sie sich noch nicht an moderner Erziehung orientieren, ohnehin gering ist (Hallpike 1990, S. 129 ff.).
23 Mietzel 1998, S. 109.
24 Flitner 1985, S. 149 f.
25 siehe Mietzel 1998, S. 283 ff., S. 317 ff.
26 Eine weitere Grundsituation ist die Beeinflussung bzw. Optimierung von Lebensprozessen wie in der Pflanzen- und Tierzucht und in der Medizin.
27 Die Natur-Kinder-Garten-Werkstatt ermöglicht damit im naturwissenschaftlich-technischen Bereich das, was Flitner (1999, S. 268) in Anknüpfung an M. Wagenschein «genetisches Lernen» nennt: Gegenstand dieses Lernens sind ältere und primitivere Formen des Tuns und Erfahrens sowie der Umgang mit einfachen Strukturen, die den komplizierten und «modernen» vorausgehen und damit deren Verständnis anzubahnen vermögen.
28 Mutschler 1998.
29 Bergmann 1997.

Literatur

Bergmann, F., *Die Neue Arbeit: Skizze mit Vorschlag.* Gewerkschaftliche Monatshefte 1997.

Coleman, J. S., Education in modern society. In: M. Greenberger, *Computers, Communications, and the Public Interest.* Baltimore 1971.

Dornes, M., *Die frühe Kindheit.* Frankfurt am Main 1997.

Flavell, J. H., Miller, P. H., Social cognition. In: W. Damon, *Handbook of Child Psychology, Vol. 2.* New York 1998.

Flitner, A., *Konrad, sprach die Frau Mama.* München 1985.

Flitner, A., *Reform der Erziehung.* München 1999.

Greenfield, P. M., Suzuki, L. K., Culture and human development. In: W. Damon, *Handbook of Child Psychology, Vol. 4.* New York 1998.

Greffrath, M., Grottian, P., Schmachtenberg, R., Bündnis für neue Arbeit. *Die Zeit* Nr. 9, 25.02.1999.

Hallpike, C. R., *Die Grundlagen primitiven Denkens.* München 1990.

Hentig, H. von, *Das allmähliche Verschwinden der Wirklichkeit.* München 1987.

Hentig, H. von, *Die Schule neu denken.* München 1993.

Huston, A. C., Wright, J., Mass media and children's development. In: W. Damon, *Handbook of Child Psychology, Vol. 4.* New York 1998.

Konner, M., Shostak, M., Ethnographic romanticism and the idea of human nature. In: M. Biesele et al., *The Past and Future of !Kung Ethnography.* Hamburg 1986.

Krappmann, L., Reicht der Situationsansatz? *Neue Sammlung,* 35, 1995, Heft 4.

Leyendecker, B., Frühe Entwicklung im soziokulturellen Kontext. In: H. Keller, *Handbuch der Kleinkindforschung.* Bern 1997.

Müller, K. E., Kindheitsvorstellungen. In: K. E. Müller, A. K. Treml (Hrsg.), *Ethnopädagogik.* Berlin 1996.

Mumford, L., *Technics and Civilization.* New York 1947.

Mumford, L., *Mythos der Maschine.* Wien 1974.

Mutschler, H.-D., *Die Gottmaschine.* Augsburg 1998.

Rheingold, H. L., Little children's participation in the work of adults. *Child Development,* 53, 1982

Richter, H. E., *Der Gotteskomplex.* Düsseldorf 1997.

Rogoff, B., Cognition as a collaborative process. In: W. Damon, *Handbook of Child Psychology, Vol. 2.* New York 1998.

Rogoff, B. et al., Guided participation in cultural activity by toddlers and caregivers. *Monographs of the Society for Research in Child Development.* Vol. 58, 1993.

Schiefenhövel, W., Das Kind bei Naturvölkern und bei uns. *Curare,* 2, 1979.

Schiefenhövel, W., Ethnomedizinische und verhaltensbiologische Beiträge zur pädiatrischen Versorgung. *Curare,* 14, 1991.

Sichtermann, B., *Vorsicht Kind.* Wagenbach, Berlin 1982.

Sorenson, E. R., Early tactile communication and the patterning of human organization. In: M. Bullowa (Hrsg.), *Before Speech: The Beginning of Interpersonal Communication.* Cambridge 1979.

Weiss, F., Kinder schildern ihren Alltag. *Basler Beiträge zur Ethnologie, Bd. 21. Basel 1981.*

Ein herzliches Dankeschön!

Den hilfreichen Beratern und Förderern:

Bärbel Höhn, MdB, ehemalige Umweltministerin des Landes Nordrhein-Westfalen
Norbert Wolter, ehemaliger Kreisdirektor des Oberbergischen Kreises, Gummersbach
Gregor Rolland, Bürgermeister, Reichshof-Denklingen
Werner Becker-Blonigen, Bürgermeister, Wiehl
Marina Hollstein, Untere Landschaftsbehörde des Oberbergischen Kreises, Gummersbach
Dagmar Israel, Geschäftsführerin der Deutschen Umwelthilfe für Nordrhein-Westfalen, Hessen, Schleswig-Holstein und Niedersachsen
Bündnis 90 / Die Grünen, Gummersbach
Thomas Kröll, Lektor, Rosenheim
Sibylle Alexander, Schriftstellerin, Galashiels
Vladimir Sagvosdkin, Geschäftsführer der Waldorfbewegung in den GUS-Staaten, Moskau

Den finanziellen, materiellen und ideellen Zuwendern:

DUH – Deutsche Umwelthilfe
BUND – Bund für Umwelt- und Naturschutz Deutschland
NaBu – Naturschutzbund Deutschland
NUA – Natur- und Umweltschutzakademie des Landes Nordrhein-Westfalen
Deutsche Waldjugend, Gruppe Windfus
Naturschutzzentrum Hessen
Umweltamt der Stadt Siegen
Umweltamt der Stadt Wiehl
Umweltamt der Stadt Neuss
Kulturstiftung der Kreissparkasse Köln
Familienbildungswerk im Familienbund der Deutschen Katholiken, Paderborn
Blockhausbau Kranenberg, Reichshof
Firma Birkmann, Halle / Westfalen
Redaktion Info 3, Frankfurt
Materialspender für die Aktionen mit Kindern

Für die inhaltliche Bereicherung der Jahreszeitenthemen:

Ruth Hecht, Hauswirtschaftsmeisterin und Förstersfrau
Marianne Frielingsdorf, Umwelt- und Museumspädagogin im Bergischen Freilichtmuseum, Lindlar
Heinrich Benjes, Holunderschule, Deutsche Umwelthilfe Hannover
Konrad Neuberger, Pädagoge und Gärtner, Wuppertal
Alexander Bräutigam, Lehrer für Kunst, Schauspiel und Sprachgestaltung, Freie Waldorfschule Engelberg
Pauline van Royen-Schmidt, HERA-Forschungsstelle für Ökologie und Landbau, Pflanzen- und Tierzucht e.V., Eschenhof, Uess / Eifel
Rita Binz, Museumspädagogin, Bergisches Museum für Bergbau, Handwerk und Gewerbe, Bensberg
Alfons Braun, Sozialarbeiter, Sozialdienst Katholischer Männer und Frauen, Gummersbach
Henning Köhler, Heilpädagoge und Erziehungsberater, Nürtingen
Dr. Gero Karthaus, Ökologe, Landschaftsarchitekt, Schriftsteller
Ute Poeppel, Künstlerin, Köln
Jochen Faßbender, Klangkünstler, Waldbröl
Stefan Roth, Demeterbauer auf dem Birkenhof im Siegerland
Marie-Luise Kreuter, Gartenbuch-Autorin und Journalistin, Reichshof
Heike Hesse-Marks, Gesundheitsberaterin der Stadtverwaltung Wiesbaden
Marcel Kalberer, Natur-Baustellen-Meister, Diplom-Architekt, Herdwangen-Heggelbach
Joachim Hecht, Forstmann, Ornithologe, Reichshof
Gudrun Obermann, Diplombiologin, Berghausen
Bechir Belhi Ben Hassouna, Deutschland, Gastronom im Erfahrungsfeld zur Entfaltung der Sinne und zur Erweckung des Willens, Bayerisch Gmain
Wolfgang Vorländer, evangelischer Pfarrer, Reichshof
Adolf Gast, Spinnereimeister, Bergneustadt
Georg W. Schmidt, HERA-Forschungsstelle für Ökologie und Landbau, Pflanzen- und Tierzucht e.V., Eschenhof, Uess / Eifel
Christian Tangemann, Jugendpfleger, Reichshof
Dr. Karl Breuer, Soziologe, Frankfurt

Für die Unterstützung bei der grafischen und fotografischen Ausgestaltung sowie die Umsetzung in Buchform:
Anke Wilhelm, Birkenhof, Siegerland
Caroline Winkendick, Praktikantin im Freiwilligen Ökologischen Jahr in der NKGW
Christian Tangemann, Jugendpfleger, Reichshof
Michael Lambert-Sieben
Edgar Bayer, Grafiker, Stuttgart
Andreas Neider, Verlagsleiter, Stuttgart
Martin Lintz, Lektor, Stuttgart
Thomas Neuerer, Hersteller, Stuttgart

An Einrichtungen, in denen Projekte der Natur-Kinder-Garten-Werkstatt Reichshof durchgeführt wurden:
Waldorfkindergarten Siegen-Selbach
Waldorfkindergarten am Häusling, Siegen
Freizeitpark der Stadt Wiehl
Holunderschule der Deutschen Umwelthilfe, Hannover
Freie Waldorfschule Oberberg, Gummersbach
Familienferien- und Bildungsstätte des Familienbundes Deutscher Katholiken in Biggesee-Olpe / Sondern und in Schloss Gehrde, Brakel
Evangelische Kindertagesstätte Monheim-Baumberg
Gemeinschaftsgrundschule Fürstenberg sowie beide Fürstenberger Kindergärten
Bergisches Freilichtmuseum für Ökologie und bäuerlich-handwerkliche Kultur des Landschaftsverbandes Rheinland, Lindlar
Evangelischer Kindergarten «Unter dem Regenbogen», Reichshof-Drespe
Kindergarten der Arbeiterwohlfahrt Oberwiehl
Kindergarten der Arbeiterwohlfahrt Marienheide-Kotthausen
Kindergarten der Arbeiterwohlfahrt Reichshof-Mittelagger
Johannes Brenner, Kierspe
Johanniter-Kindergarten Reichshof-Hunsheim
Johanniter-Kindergarten Reichshof-Wildbergerhütte
Johanniter-Kindergarten Morsbach
Johanniter-Kindergarten Bielstein
Elterninitiativ-Kindergarten «Kunterbunt», Kierspe
Freie Waldorf-Dorfschule Kierspe
Integrierte Kindertagesstätte Siegen
Waldorfkindergarten Dortmund-Benninghofen
Waldorfkindergarten Rosenheim
Märchengarten Cornelia Büsch
Naturfördergemeinschaft, Umweltzentrum Westfalen und Biologische Station in Bergkamen
Deutsche Waldjugend, Gruppe Windfus
Evangelischer Kindergarten Bergneustadt
Kindergarten des Deutschen Roten Kreuzes in Wiedenest
Waldorfkindergarten «Zaunkönig», Remscheid
Waldorfkindergarten Wiehl-Heckelsiefen
Waldorfkindergarten Panèvezys, Litauen
Bürgerpark Kreuztal
Demeter-Hofgemeinschaft Birkenhof im Siegerland
Waldkindergarten Pansdorf
Industriemuseum des Landschaftsverbandes Rheinland, Engelskirchen
Fachschule für Sozialpädagogik, Berufskolleg Gummersbach
Fachschule für Sozialpädagogik Siegen
Waldorf-Erzieherseminar Köln
Waldorf-Erzieherseminar Dortmund
Biologische Station Werther Hof, Dormagen
Arbeitskreis «Außerschulische Umweltbildung» der Regionalen Agenda 21 des Oberberg. Kreises
Arbeitskreis «Lokale Agenda» der Gemeinde Reichshof
Städtischer Kindergarten Gummersbach-Bernberg

An nahestehende Zeit- und Weggenossen:
Verwandte, Freunde und Nachbarn
Kinder-, Jugend- und Helfergruppen
Vereinsmitglieder
Besonders Joachim, Christian, Manfred und Philipp, den «Männern für alles»
Katharina Grund, der Praktikantin im Freiwilligen Ökologischen Jahr in der NKGW
Petra Delschen, Praktikantin in der NKGW

Quellenangaben

Fotos: Freie Waldorfschule Oberberg, Gummersbach: S. 30 (II, III, IV), 40 (III) / Grundschule Waldbröl-Hermersdorf: S. 66 (I-IV), 69 (II), Thomas Klink: S. 56 (I); Irmgard Kutsch: S. 6 (I, II), 9, 10 (I, II), 12 (I-IV), 14 (I, II), 16, 17 (I-IV), 18 (I-IV), 19 (I, II), 21 (II, III), 23, 24 (I, II), 26 (III, IV), 28 (II), 30 (I), 33 (I), 34 (II), 37 (I, II), 38 (II), 39 (I), 40 (I), 43 (I), 44 (I, II), 48 (I-III), 51 (I, II), 52 (II), 53 (II), 55, 56 (II, III), 57 (I-III), 58 (I-IV), 60 (I), 61, 62 (I-III), 63 (I-IV), 64 (I-IV), 68 (I, II), 69 (I), 71 (I, II), 72 (I-III), 73 (I, II), 74 (I-V), 75 (I, II), 76 (I-IV), 81, 82 (I-IV), 84, 86 (I, II), 88 (III), 92, 93 (III), 94 (II, IV), 95 (IV), 96 (I-III), 97 (I, II), 98 (I-IV), 103 (I-III), 117 / Michael Lambert-Sieben: S. 32 (I-III), 33 (II), 121, Vorsatz, Nachsatz / Ingeborg Ludwig-Kersjes: S. 94 (III) / Erika Salaw: 21 (I), 38 (I), 46 / Christian Tangemann: S. 34 (I), 36, 38 (III), 83, 87, 88 (II), 89, 90 (I, II) / Anke Wilhelm: S. 25, 28 (I), 39 (II), 40 (II), 41, 43 (II), 49, 50 (I, III), 51 (I), 56 (II), 78 (II), 88 (I), 93 (I, II), 94 (I), 95 (I-III), 101 (I, II), 102 (I-III) / Wolpert & Strehle, Fotodesign (Stuttgart): S. 59.

Grafiken: Edgar Bayer: S. 20, 41, 45, 46, 47, 49, 50, 51, 53, 87, 91, 92 / Anke Wilhelm: S. 54, 84, 85 / Carolin Winkendick: S. 89. Ein besonders herzlicher Dank an Theresa und alle anderen Kinder, die dieses Buch mit ihren bunten Malereien bereicherten.

Lieder: Um den Kirschbaum (S. 14) aus: Heiner und Marianne Garff, *Fahr, mein Schifflein, fahre. Kinderlieder*, Edition Bingenheim im Verlag Freies Geistesleben, Stuttgart [4]1995 / Im Garten beim Holunder (S. 16) aus: *Schwinge, Schwengel, schwinge. Kinderlieder von Johanna Ruß*, Verlag Zevenster, Driebergen / Niederlande. / Die Flocken wirbeln (S. 42) aus: Waltraud Klein und Suse König, *Pirzel und Purzel. Neue Kinderlieder und Kinderspiele*, Bärenreiter-Verlag, Kassel 1965 / Die Weidenkätzchen (S. 70) aus: Alois Künstler, *Das Brünnlein singt und saget. Lieder und Melodien für Kinder*, Edition Bingenheim im Verlag Freies Geistesleben, Stuttgart [10]1994.

Kontaktadresse

Bei Fragen zu Umweltbildungsprojekten sowie zur Finanzmittelbeschaffung für Natur- und Umweltschutzprojekte wenden Sie sich bitte an die Deutsche Umwelthilfe, Goebenstraße 3a, 30161 Hannover, Telefon (05 11) 3 90 80 50

Die Autorinnen

Irmgard Kutsch, geboren 1952, war nach einer Ausbildung zur veterinärmedizinisch-technischen Assistentin im Gewässerschutz und einem Lebensmitteluntersuchungslabor tätig. Danach absolvierte sie Ausbildungen als Fachlehrerin an Schulen für geistig Behinderte, eine staatliche und eine Waldorf-Erzieherinnenausbildung sowie eine Ausbildung in Chirophonetik.
Alle Erfahrungen flossen in die Gründung der Natur-Kinder-Garten-Werkstatt ein.

Adresse: Dorner Weg 4, 51580 Reichshof

Brigitte Walden, geboren 1953, ist Schulleiterin und Fortbildungs-Managerin im Kölner Raum gewesen. Sie war Pädagogin im Erfahrungsfeld zur Entfaltung der Sinne, Gründungsmitglied der freien Waldorf-Dorfschule Kierspe-Meinerzhagen und Pädagogin in Haus Hohenfried in Bayerisch Gmain.

Adresse: Engelbergstraße 23, 70499 Stuttgart

Inhaltsübersicht über alle vier Bände

Die vier Jahreszeitenbände der Buchreihe *Natur-Kinder-Garten-Werkstatt.* sind thematisch folgendermaßen gegliedert:

Band 1: Frühling

März:
Nisthilfenwerkstatt –
Nestwärme für Vogelkinder
Säen, Keimen, Wachsen –
Das Licht der Welt erblicken

April:
Lebens(t)räume schaffen –
Damit uns die Luft nicht ausgeht

Mai:
Gestalten mit Pflanzenfarben –
Damit es uns nicht zu bunt wird
Milchverarbeitung, Imkerei –
Wenn Milch und Honig fließen

Band 2: Sommer

Juni:
Kräuterverarbeitung –
Den Kräutern wohnt ein Zauber inne
Schmetterlinge züchten –
Gaststube für Verwandlungskünstler

Juli:
Wasser, Erde, Luft und Feuer –
Jedem sein Element

August:
Vom Korn zum Brot –
Von der Kunst, ein Eigenbrö(d)tler zu sein

Band 3: Herbst

September:
Obst und Gemüse ernten –
Der Mensch lebt nicht vom Brot allein

Oktober:
Flechtwerkstatt –
Drunter und drüber erwünscht
Hausbauwerkstatt –
Wer will schon ständig aus dem Häuschen sein?

November:
Pflege unserer Vogelwelt –
Gastlichkeit für Hungerleider
Papierwerkstatt –
Bitte ganz aus dem Rahmen fallen!
Bienenwachswerkstatt –
Damit uns ein Licht aufgeht
Basteln und Malen ohne Gift –
Verbindungen schaffen

Band 4: Winter

Dezember:
Adventwerkstatt –
Alle Jahre wieder?

Januar:
Wollwerkstatt –
Vom Faden, den man nicht verlieren mag

Februar:
Gestalten mit Weiden –
Aus Hecken werden Häuser
Holzwerkstatt –
Von Hölzchen und Stöckchen
Tonwerkstatt –
Jedem Topf sein Deckelchen

Nachwort (wissenschaftlicher Beitrag) von
Dr. Karl Breuer, Dipl.-Soziologe, Frankfurt am Main

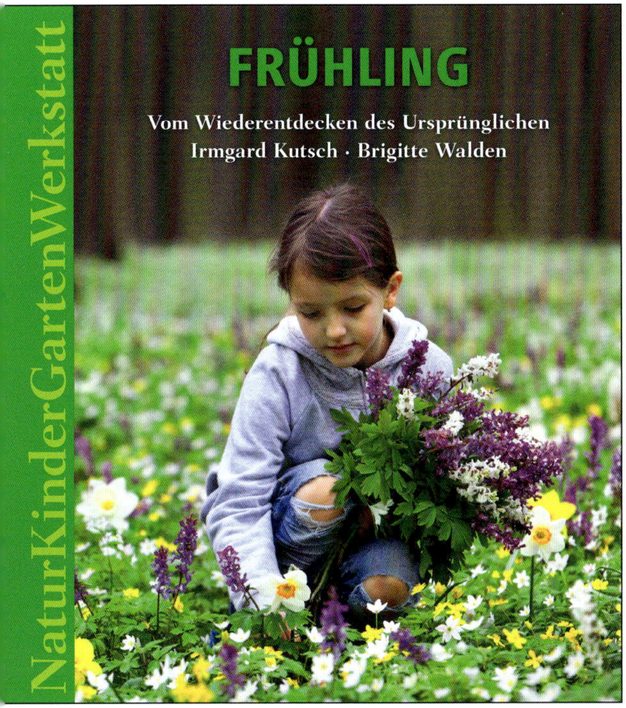
NaturKinderGartenWerkstatt
FRÜHLING
Vom Wiederentdecken des Ursprünglichen
Irmgard Kutsch · Brigitte Walden

NaturKinderGartenWerkstatt
HERBST
Vom Wiederentdecken des Ursprünglichen
Irmgard Kutsch · Brigitte Walden

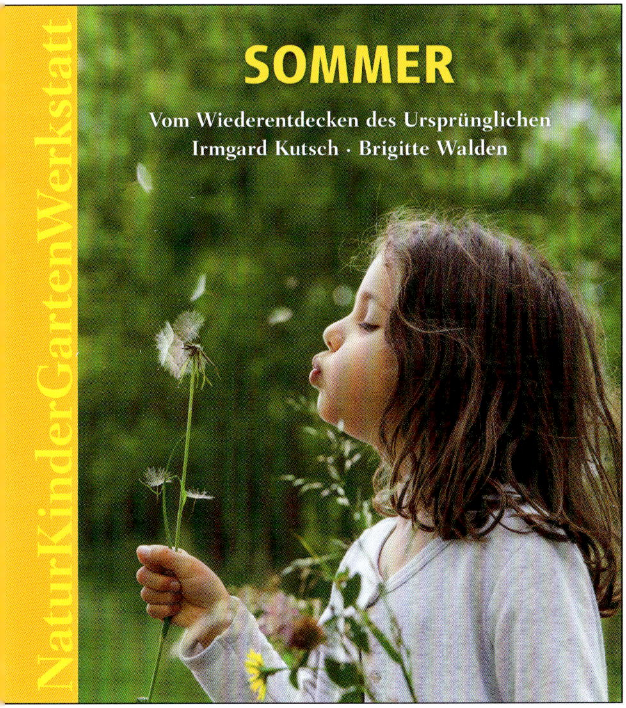
NaturKinderGartenWerkstatt
SOMMER
Vom Wiederentdecken des Ursprünglichen
Irmgard Kutsch · Brigitte Walden

NaturKinderGartenWerkstatt
WINTER
Vom Wiederentdecken des Ursprünglichen
Irmgard Kutsch · Brigitte Walden

Irmgard Kutsch und Gudrun Obermann

Mit Kindern im Bienengarten
Vom Wiederentdecken des Ursprünglichen

177 Seiten, durchgehend farbig, gebunden

Bienenzucht kann man auch zusammen mit Kindern betreiben. Neben zahlreichen interessanten Details aus dem Leben eines Bienenvolks beschreibt Irmgard Kutsch vor allem, was man mit Kindern im Laufe eines Jahres alles rund um das Thema Bienen machen kann: vom Nisthilfenbau für Wildbienen und Hummeln, dem Bemalen von Bienenwohnungen, der Honigernte bis zum weihnachtlichen Gestalten mit Bienenwachs. Erzieherinnen, Lehrer und Eltern erhalten so zahlreiche Hinweise, wie man mit Kindern das Thema Bienen erarbeiten kann.
Das Buch enthält sowohl Angaben für eine eigene Bienenhaltung und die Gestaltung bienenfreundlicher Naturgärten als auch zahlreiche Anregungen zum Kennenlernen dieser bedrohten, für die Natur und den Menschen außerordentlich wichtigen Tierart.

Verlag Freies Geistesleben